U0454125

信誉经济

大数据时代的
个人信息价值与商业变革

THE
REPUTATION
ECONOMY

How to Optimize Your
Digital Footprint
in a World Where Your
Reputation Is Your Most Valuable Asset

迈克尔·费蒂克（**Michael Fertik**）
戴维·C·汤普森（**David C. Thompson**）◎著
王臻◎译

中信出版集团·CHINA**CITIC**PRESS·北京

图书在版编目（CIP）数据

信誉经济：大数据时代的个人信息价值与商业变革 /
（美）费蒂克，（美）汤普森著；王臻译. -- 北京：中
信出版社，2016.5
书名原文：The Reputation Economy：How to
Optimize Your Digital Footprint in a World Where
Your Reputation Is Your Most Valuable Asset
ISBN 978–7–5086–6074–5

I. ①信… II. ①费… ②汤… ③王… III. ①商誉 –
研究 IV. ①F273.4

中国版本图书馆CIP数据核字（2016）第 067610 号

信誉经济：大数据时代的个人信息价值与商业变革

著　者：[美]迈克尔·费蒂克　戴维·C·汤普森
译　者：王臻
策划推广：中信出版社（China CITIC Press）
出版发行：中信出版集团股份有限公司
　　　　　（北京市朝阳区惠新东街甲 4 号富盛大厦 2 座　邮编　100029）
　　　　　（CITIC Publishing Group）
承印者：北京诚信伟业印刷有限公司

开　本：880mm×1230mm　1/32　　　印　张：8.25　　　字　数：153 千字
版　次：2016 年 5 月第 1 版　　　　印　次：2016 年 5 月第 1 次印刷
京权图字：01–2014–5911　　　　　　广告经营许可证：京朝工商广字第 8087 号
书　号：ISBN 978–7–5086–6074–5 / F · 3640
定　价：45.00 元

迈克尔：

献给我的父母，比尔和格丽塔，感谢他们所做的一切。

献给我过去、现在以及未来的 Reputation.com 的同事，他们让互联网向更好的方向发展。

戴维：

献给斯蒂芬、库伯和雷丽，感谢他们的出色表现和一直以来对我的支持。

目 录
The Reputation Economy
>>>>>>>>>>>>>

第 1 章

**欢迎来到
信誉经济时代**

信誉就是力量。

你的信誉决定了什么样的人会与你交往，以及他们会如何对待你或为你做什么。它决定了银行是否会借钱给你买房买车；它决定了房东是否会接纳你为房客；它决定了什么样的雇主会雇用你，或你到底能否找到工作；它也许还决定了你会得到什么样的优惠和VIP（贵宾）服务；它甚至还可能深深地影响你约会的成功率。在保险公司那里的信誉决定了你能否享受健康险、汽车险、房屋险或人寿险，而在政府机构那里的信誉可能还决定了你是否会成为犯罪调查的对象。

而且，信誉的影响正变得比以往更加强大。随着数字技术的迅速发展，不管你喜欢与否，你的信誉将变成永久性的，变得无所不在，并为全世界所知。不论你知悉与否、同意与否，无论走到哪里，其他人都能够即刻获取你的信誉信息。

这远远超出了所谓的"大数据"（Big Data）。大数据是海量数据被采集并存储的趋势，而"信誉经济"（Reputation Economy）这一新概念依赖于我们所说的"大分析"（Big Analysis），即能够从海量数据采集中获取关于个人的预测并将其转化为行动的新体系。这些行动可能包括了拒绝给你贷款，给你一个哪怕没有贴出过广告的工作面试机会，甚至是被潜在约会对象拒于门外。所有这些行动都基于你的信誉——它正以各种眼花缭乱的方式被数字化、网络化。

当然，信誉一直以来都很重要，问问某个在小镇上住过的人便可见一斑：信誉可以持续多久，信誉如何影响你的人际交往——尤其当你犯下一个严重错误时。不过在信誉经济以前，信誉只能在同伴之间慢慢地建立，随着时间扩散开来：我们对大多数非名人知之甚少，而信誉的维持仅同人类的记忆一样短暂。

今天，数字技术使我们有可能采集、存储、分析并扩散与你有关的各种信息，从个人档案到驾驶记录，再到所有网上活动的一个完整列表，不一而足。这种所谓的"数据挖掘"（21世纪第一个10年的热门词，意指几乎任何可以想象得到的话题都可采集海量数据的趋势）的存在是因为科技使得数据的采集和存储几乎不需要成本。对于现今的数字数据存储容量，最通俗的理解是：

一个内存为 1TB（太字节，一种电子储存单位，1TB=1 024G）的磁盘驱动器存储的信息比一座普通的研究型图书馆所装的信息还要多。这样的磁盘驱动器，可以轻而易举地买到，大小正好可以放在裤袋里或小提包里，价格不到 100 美元，消费者可欣然接受——而且每年价格都在下降。所以今天，企业或个人不必求助一家大公司（或国家安全局）的资源来存储看似无穷无尽的他人信息了。存储载体成本（可以追溯数千年的历史，从泥活字印刷术，到后来的印刷机，到现在的磁介质，再到不久后的大量固态存储设备）的大幅下降使得数据的存储和处理几乎无可限量。这在以往是不可能的事情。

既然数字化数据存储可以实现免费，那么一切可能的事物都将被采集和存储——永久地存储。事实很快变成：保存大量数据集比试图从中找出哪些数据需要删除要来得便宜。而且一旦数据可以获取，无疑会有人发现它的用处。因此，每一个人都有对应的海量数字化档案被建立起来，甚至包括你访问的网站和点击的链接。还有一种隐秘的经济模式迅速发展起来：档案库和数据存储网站悄悄地收集数万亿网上行为记录，就等着有人找出利用所有这些数据的方法。

尽管一想到大数据就觉得可怕，但如果企业不知道如何使用这些数据，其本身并没有什么价值，而只是一系列的 1 和 0 罢了。大数据的真正力量（不论好坏）在于下一步：通过新的计算机系统或算法，整理、筛选数百万数据点，从中找出意义，从而找到可用信息。这也是为什么我们说未来并不是由那些采集最多数据的企业或个人主导，而是由那些从海量数据中找到最多意义的人所主导，也即掌握"大分析"的人。如果说"大数据"是你知道自己坐在一个金矿上，那么"大分析"就是将矿石从地下挖出来变成黄金。

从"大数据"到"大分析"的改变是巨大的。不仅我们的信息存储能力增长了，描述、整理、分析这些数据的能力也迅速增长了。如果摩尔定律——计算机的能力每两年就提升一倍——这个一般规律如过去几十年一样继续成为现实的话，那么数字分析的力量也会继续增长。结果，人们已开始将越来越多的决策委托给计算机完成，其中包括数百万原本应由人类做出的决策。

要想知道这一切会如何影响你的切身利益，只需想一想众多企业已经在开发系统，每分钟做出数百万关于消费者（比如你）的决策就够了。这些决策的范围正迅速从符合常理的行为（比如，试图通过识别非常规交易来减少信用卡诈骗）延伸到让你震惊的决定：保险公司基于网上行为拒绝投保申请，雇主基于计算机分析自动拒绝雇用某人或提拔某人，手机应用程序让人们在酒吧快速启动背景调查。你买了这本书，基于此，你将做出什么样的决策呢？希望是好的决策。我们将在后面的章节中对决策制定做更深入了解。

不久后，企业甚至会利用他们获得的海量数据集，根据你在工作努力程度、财务责任感、健康状况等各方面的声誉情况对你进行声誉评分——类似FICO信用评分①。就像搜索引擎可以让用户搜索网页信息，"声誉引擎"让企业（乃至越来越多的普通大众）可以搜索你的数字足迹，获取所有关于你的线上活动、线下活动、人际交往的信息。信用评分可以当成未来信誉经济中我们将要看到的声誉评分的雏形；如果说你的信用评分像传统的座机电话，那么未来的声誉评分就像最新一代的iPhone（苹果手机）。不管你是否想要参与其中，它都将发生。而且这些评分将被他人所用，以此对你的生活做出重要决策，比如是否雇用你，是否给你保险，甚至是否与你约会。

这类决策以及其他方面的决策的制定，比以往任何时候都快。也许你听说过"眨眼间做个决定"，那不算什么；今天，电脑完成重要决策的速度要快几千倍。人类眨一下眼需要400毫秒；在相同的时间内，一台普通的笔记本电脑差不多可以进行10亿次计算。这一速度的提升带来的影响是巨大的；事实上，这些声誉引擎——由令人头晕目眩的精妙算法驱动的声誉引擎——已经可以每秒获取超过数百万条记录，以识别或好或坏的信用风险，识别有辞职可能的员工等等。举一个简单的例子：你

① 美国个人消费信用评估公司开发的一种个人信用评级法。——译者注

在工作时浏览领英（LinkedIn）网站的频率变得比平时高吗？很多算法将这种情况视为员工找新工作的信号——也许是好事，也许是坏事。如果被招聘者发现了，你接到的电话马上会增多，对方试图吸引你去新岗位。如果被你的公司发现了，接下来要么被谈话（如何才能让你留下来），要么被迅速踢出门。

不难想象，已经有一些公司纷纷涌现，为那些愿意花钱购买数据的人提供数据。这些售卖数据的公司包括像Intelius（美国一家专门收集个人背景信息的公司）这样的批发商，一次卖数百万份记录；包括像Spokeo.com（美国一家人物搜寻网站）这样的零售商，能让消费者付少量的钱就找到任何人的家庭住址。但是数据的真正价值不会在数据零售公司的手中，而是在那些最有能力利用数据做出行为预测的公司手中。比如，谷歌成立之初，它并不具有最大的网页索引，也没有最完善的目录，它之所以能超越其他竞争对手，是因为它最擅长从少量数据集中识别出相关搜索结果。任何有此特长的公司都可以成为个人信息方面的"谷歌"。确实，这是一个宏大的目标，其价值如此之大，以至于2011年风险投资公司注入了24.7亿美元（是的，几十亿美元的级别）给那些操纵、处理、存储或售卖庞大数据集（一般是关于消费者行为的数据）的初创公司。2013年，这个数字至少增长到了36亿美元。

信誉对于企业、专业人员以及个人都有着强大的影响。企业方面，一家公司在市场上的价值，其中达 75% 在于它的信誉；你的私人生活方面，信誉的价值占比可能接近 100%。事实上，随着数字信誉的发展，信誉也许比现金货币更具价值。正如科幻畅销书作家科利·多克托罗（Cory Doctorow）在《魔法王国的衰落》（*Down and Out in the Magic Kingdom*）一书中所描述的，"物非"（Whuffie）这种科幻的信誉货币取代了真正的货币。用多克托罗的话说："'物非'重新捕获了钱的真谛：过去，如果你破产了但备受爱戴，你不会饿死；相反，如果你很富有但遭人唾弃，再多的财富也换不来安全与安心。通过衡量金钱真正代表之物——在朋友、邻里眼中的个人资本——才能从真正意义上表明你的成功。"这听起来不着边际，却并非异想天开；在全新的数字时代，我们自己的"物非"将迅速成为现实。

这本书探讨的就是在一个信誉将比金钱或权力更具价值的世界里，如何变得"信誉富有"。

信誉的商业化

"信誉经济"用来描述这样一个世界：信誉可以被即刻分析、存储并作为你享受特殊待遇和利益的通行证。在信誉经济里，你可以像使用现金一样使用你的信誉，将它用作债务抵押，将它作为担保去达成原本无法达成的交易。

"数字信誉"这一新的概念将涉及你生活中的方方面面。试想你走进一家酒店（这是你首次光顾它），你马上受到了身着制服的礼宾人员的亲切问候。他领着你绕过常规通道，径直来到VIP入住登记处。他为你端来一杯饮料，前台接待员为你准备房间钥匙。你喝着饮料，接待员问你是否需要将客房免费升级到拐角的城市风景房。当然，你接受了，但是有一个疑问："为什么我可以？"接待员解释说他的电脑有所提示，根据你的在线评论和旅行历史记录来看，你的品牌忠诚度和社交分享都具有很高评分——并且根据你在工作中的努力和付出，电脑还预测你在未来多年内都颇为富有。他解释说酒店期待你今后继续光顾，并且他的电脑计算出了这次的客房升级服务足够赢得你对酒店的终生信赖。当你在预订酒店的时候，所有这些被自动计算，信息被无线传送到前台并被使用，而你无须知悉或同意。

当然，数字信誉带给你的不只是特殊酒店升级服务那么简单。它的影响会十分深远：享有一个好的数字信誉，你生活中的方方面面都享受特殊待遇，也许你根本都不知道为什么（而且有时候都不知道你享有的正是特殊待遇）；有一个坏的数字信誉，你将错过很多机会，并且都不知道自己错过了什么。

不仅如此，精明的人会利用信誉的力量颠覆传统供求关系。传统的应聘工作的方式可要过时了：在信誉经济里，如果你为高端的工作机会精心建立了一个好信誉，那么雇主们会主动找上门并给你最好的工作邀请，你甚至都不需要提交求职申请。如果你单身，在制造浪漫方面（也许是收入、智商或其他好的品质方面）有一个好信誉，那么最好的对象会主动找上你，而你无须花费大量时间在相亲网站上，无须应对酒吧里错综复杂的情景，也无须天天盯着手机相亲 App（应用程序）。在财务方面有个好信誉，你不必烦心于给"工资日贷款"提供者或一家又一家的银行打电话寻求贷款：他们会主动借钱给你，无须传统的抵押模式；在银行里你被迅速接待，并享受特殊利率，只要签个名就够了。

当然，有的人享受了酒店 VIP 服务，有的人却被默默地否定了一次机会而毫不知情。有的人有机会得到梦寐以求的工作，有的人却从未得到电话回复，只因很久以前犯过的一个错误。有的人得到国家银行的特殊待遇，有的人却不知不觉地被引向支票兑现的方式和其他次级借贷。

信誉经济的发展已经加快到几十亿美元的水平，不仅因为信誉本身具有货币一般的价值，也因为获知他人的详细信誉能带来几乎无可限量的价值——如此详细地知晓一个人的信誉，这在 20 年前看来简直是不可思议。换句话说，你的信誉不仅对你自己有价值，对任何与你有业务关系的人都有价值。比如，健康保险公司会花大价钱来识别风险客户，房东（和邻居）会愿意花很多钱来识别（和排除）那些扰人的潜在租客，让他们甚至都没机会提出申请。消费者们在他们的 iPhone 或黑莓手机上活跃地使用信誉应用程序，以此进行付费；有的应用程序甚至可以让酒吧相遇的约会对象们查看彼此的犯罪记录（该程序的口号是：查一查再勾搭）。

那些具有绝佳的数字信誉（网上可以查看到的信誉）的专业人才将比那些没有好信誉的人得到更多主动找上门的工作机会。比如，我们可以通过Stackoverflow（一个与程序相关的IT技术问答网站）和Coderwall（全球黑客交流平台）这样的网站上的专业程序员的"信誉评分"来判别他们。Coderwall想把自动评分系统扩展到多个网站，覆盖程序员们在那些网站的"成就"，甚至做成一个"排行榜"，列出系统观察到的最佳程序员们。Klout（一家衡量用户在社交网络上影响力指数的公司）这样的类似服务，意图识别出各网站（像推特之类）最具影响力和最受敬重的用户；而且"Klout评分"已经在简历上出现，作为应聘者网上信誉的证明。

以这种方式利用数据的不只科技类初创企业。保险公司也公开承认，他们使用脸谱网的数据来研究保险索赔案例，而且已经悄悄地发起了基于网上数据的测试项目：通过潜在投保人在网上的活动情况对其进行等级评估，再决定其投保价格。一家保险行业的权威杂志甚至建议，保险公司可以关注一下你所点击的广告类型，以此数据来识别风险等级——如果其他点击类似广告的人具有高风险性，那么你也会被评定为高风险一类。基于消费类型的预测，你的信用卡额度毫无预警地被降低；就此，离"动态信用下降和网上行为相融合"只差一小步了：正如一位学者写的，"如果吉他手或离婚夫妇更有可能不还信用卡，那么当你看过吉他广告或给离婚律师发了邮件，这可能会让数据聚合系统将你列入信用等级不佳的那一类了"。

事实上，Visa（维萨卡）和 MasterCard（万事达卡）都已启动了试点项目来分析消费者的交易趋势，以便投入更精准的广告。有一项报告指出："我们的神圣目标是，比如，给一个刚刚在快餐连锁店刷了卡的人看一则减肥广告，然后进行追踪，看此人是否购买了那个广告中的产品。"那么也许不难想象，拉斯韦加斯的赌场在设置交互显示广告，根据其信誉引擎对途经客人的认知，来显示个性化精准广告。

为了了解这一切如何运作，假设一天深夜你正好在浏览网页，然后看到一条广告横幅写着"秘密植物精华一周减掉 15 磅（6.80 千克）"——并附一张"使用前"的带个大肚子的人物线条画和一张"使用后"的身材恰到好处的人物线条画。出于好奇，你点开了广告。

在大数据的世界里，你刚才的行为正是给自己判了刑：未来数周，你将被各种减肥广告横幅纠缠。点击那则广告，已经注定了你的网页浏览器会被减肥广告所识别，以至于现在你访问的每一个网站上都会有广告横幅问候你，像"秘密武器去除腰间赘肉""阿兹台克神奇减肥秘方""油脂工业不愿让你知道的事"，诸如此类。然后制作这些广告的公司会利用你的数据及成千上万其他人的数据，对广告投放做出调整：点击"使用前""使用后"人物线条画广告的人更多，还是点击骨感迷人的模特照广告的人更多？在中午点击广告的人更多，还是深夜点击广告的人更多？哪种样式的登录页面带来的购买量最多？在大数据世界，这些广告背后的公司可能还对计算机生成的成百上千个广告变量进行检验，来获知哪些因素带来最多的点击率和最多的成交量。

在"大分析"的新世界，事情还会进一步发展。在信誉经济里，你不仅会看到更多扰人的减肥产品广告，你的声誉评分也会因为那一次点击而受到多个方面的影响。无论是出于购买意图，还是仅仅因为好奇，或只是手不小心一滑，由于点击了一个大放厥词的可恶广告（很遗憾，没有一种植物提取精华会在一周内安全减掉 15 磅赘肉），你将获得一个"行事易受广告左右"的评价——或者根本就是"容易受骗的"。因为你半夜不睡觉却在上网，可能会得到一个"易失眠"的评分，相应地还有"生理或心理不健康"。但如果电脑有理由相信你在搜索与工作相关的东西，这些评分将被推翻，取而代之的是一个"工作努力"的评分。还有，声誉引擎显然有理由假定你具有严重的体重问题，因而你的"健康"评分会骤降（或者根据算法，你的"自我提升"评分也许有所提高，因为你热切地、努力地想要提升自己的形象，即使购买的产品并没有奏效的可能）。

比起网站上到处都在跟踪你的广告，这些评分的影响要深远得多。在大数据世界，只有那些提供广告的公司知道你是减肥产品市场中的一员；在信誉经济里，其他任何想要搜取信息的公司或个人都会知道这点。你的借贷权限将受到影响：如果银行知道你除了生活拮据以外还有深夜购物的癖好呢？但愿你还能得到低利率贷款。（体重超标？自卑？）但愿你还有不错的爱情运势,（易冲动？毫无判断力？）也但愿你还有好的工作机会。让我们现实点：只是留下了点击过一个愚蠢广告的痕迹，不太可能由此失去一个工作机会。但如果你点击了很多伪科学的、骗人的万灵油广告，这也许会触发潜在雇主的计算机算法，使得它自动将你从他们的人才库中筛查出来——而你一无所知。

当然，"深夜上网"的习惯不可能是信誉经济里唯一的数据来源：你与同伴、同事、顾客、代理商、约会对象或伴侣的互动情况都会被收集、评估、判别、评分并永久存储下来。甚至像网上电子游戏这样看似毫无关系的数据来源都会被整合到你的信誉资料中。比如,《我的世界》（*Minecraft*）或《魔兽世界》（*World of Warcraft*）中的策略向导可能被归类为"具有战略思考的潜能"。而另一方面，一个喜怒无常的玩家在输了一场游戏后大肆咒骂、诽谤对方，则可能被贴上"易怒"的标签——还有可能得不到想要的汽车险，因为保险公司认为这样的人更有可能发生

"路怒症"事故。由于存储变得便宜（我们将在第 2 章介绍），这些数据将被永久保存。所以如果数据科学家们发明了某些新的数据分析方法（各种迹象表明他们真的会发明出来，我们将在第 3 章介绍），你会发现，今天的一个点击动作，会给明天带来比这还要深远的影响。

所到之处都被追踪，这听起来似乎有些抽象；每次去汉堡王之后就被减肥广告缠身，这最多有些扰人。但如果一家人寿保险公司开始查看这些数据来估测你的寿命并做相应的保额，那会怎么样呢？如果雇主们开始查看这些数据来判断雇用你是否会影响他们的保险费用，那会怎么样呢？万一数据被错误地记录了（其实你买了一份沙拉）或被错误地理解了（也许你买那个汉堡是给一位朋友的，或给一个流浪妇女的）或根本就是错的（你的信用卡被偷了）呢？如果这些数据出于某种目的卖给了出价最高的人，又会如何呢？

如果这种技术无可避免地延伸到脸部识别，让公共场合的监控摄像可以追踪每一个进入到反战集会或"计划生育"诊所的人，或说出每一个在年度"骄傲游行"队伍中的人的名字，或仅是登记每一个在周六晚上从当地酒吧踉跄着出来的人，那会怎么样呢？如果这类数据可以被采集（它会的），那么势必有人会找到从中谋利的方法——如果说今天脸谱网是一个受欢迎的跟踪工具，试想一下，不论喜欢与否，有个网站正在记录你所有的社交行为。目前没有一项法律是禁止这些做法的：数据公布者享有《第一修正案》的广泛保护；记录一个人的公共行为可能也是合法的，因为一个人来到世界的时候，并没有大致的"隐私权期望"。未来立案将不得不对数字跟踪程度的合法性做出决定。

如果说所谓的大数据是让我们可以将数据收集起来，那么"大分析"就是让公司和个人以影响你生活的方方面面的方式来使用数据。好消息是，只要你细心培养自己的信誉，确实可以影响个中的一些决策，有时还能够以意想不到的方式影响决策。懂得如何在全新的信誉经济里航行，你就是这个以信誉为最有价值的资产的世界里获益的人。

那又怎样？

信誉的商业化只是全新的信誉经济的一部分——在它所反映的世界里，企业和政府将积极地从各类信誉的衡量和买卖中寻求利益。到最后，信誉无异于其他任何可以被货币化的商品；它将无可避免地被商业化，被挖掘、净化、腐化、败坏、争夺、交易、售卖、重新包装、存储，并以各种意想不到的方式被使用。就像中东地区对地下石油的探求塑造了那里的政治和历史一样，未来的信誉之战将塑造这个世界。如果"信誉引擎"的运行依靠的是数据，那么争夺数据的控制权就如同争夺其他任何有价值但分配不均的商品一样。

这种冲突是无可避免的。计算机和科技的发展比社会发展还快；连我们自己都还不知道如何使用我们正在发明的科技。我们害怕科技会超越社会和伦理，这已不是什么新鲜事（哪怕是爱因斯坦，他的理论开启了核动力技术，但他对原子武器所持的是严谨的保留态度），但声誉不同以往，它与个人密切相关：今天的科技做出的决策影响着你的私人生活——有时真的是很私密的方面。更可怕的是，计算机系统在神秘的面纱后面进行着秘密评分工作；每天，人们都不知道什么信息正在被收集，更不用说他们的信誉分数是如何计算并使用的。因此，一个错误的信息——一次错误输入、一个不实的传言、一次计算错误——都会导致严重的危害，而你对此一无所知。你可能永远都不知道因为自己的信誉而被区别对待了；即使你从未接到潜在雇主打来电话提供理想工作，或者Match.com（世界最大的婚恋交友网站）从未展示你的档案给你的梦中情人，或者天使投资者从未投资一分一毫到你的生意中，你永远都不会知道自己错过了这一切。

但并不是只有坏消息。一个坏信誉也许让你错失机会，一个好信誉可能让你在无数的机会和利益中通行无阻。多亏了互联网能够传递信息给世界上的任何人——就像传递给街角的人一样容易——影响一生的好机会可能来自世界的任何地方，甚至数千公里之外。不仅如此，在即将来临的信誉经济里，一个好声誉差不多具有"去中介"的功能——通过突破传统的门和守门人，打造公平的竞争环境。因此，今天，一个完全默默无闻的好声音可以通过一个受欢迎的YouTube（世界上最大的视频网站）频道转化为一份数百万美元的唱片合同，一个偏远地区的体育运动人才可以凭着声誉签下职业运动员合同。比如挪威人阿瓦尔·卢格兰（Havard Rugland）原本从未参加过一场橄榄球赛，但因为他将自己展示球技的视频放在网上并大受欢迎，他被底特律雄狮队选中签约并在季前赛中打进两个球。

有一个好的信誉，你可以随心所欲。雇主们的计算机算法会从成堆的数以千计的简历中瞬间自动挑出你的简历，同时他们也瞬间自动地排除掉了其他人。银行和其他贷方会自动批准更低的利率和更好的条件给你。Tinder（国外一款手机交友软件）、Match、OkCupid（美国在线约会网站）这样的App及网站上最有魅力的相亲对象在看到别人的资料之前最先看到你的资料。你的实体店或网店的顾客数量会超过你的同行。后面的章节将展开介绍信誉经济的发展带来的这些启示，以及如何做才能从中获益。

通过这本书，你将学习如何让自己的信誉最优化，从而去收获信誉经济带来的一切利益。我们会为你展示Reputation.com（美国一家在线信誉管理公司）的数百万用户改善生活的秘密——诸如何管理一个数字信誉，让你在雇主、贷方、保险公司、投资人等每一个人眼中更有竞争力。例如，我们会告诉你，在简历、绩效评估和领英档案中使用哪些关键词能够确保你在招聘者或潜在雇主的搜索结果中排在最前面；以什么样的方式管理你的线上线下活动可以让保险公司计算出的风险等级（从而使保险价格）降低；如何为你的商业构想或初创企业吸引风险投资，从投资者处寻得低利率，并赢得谷歌和微软这样的科技巨头的关注。我们甚至会告诉你如何创建虚假痕迹和数字烟幕来隐藏负面信息或不想被发现的信息。你没有办法消除数字痕迹，但你有窍门不让它被发现。我们还会告诉你如何使用所有这些科技力量去评估他人的信誉，因而你总能知道正在往来的是什么样的人——不论是潜在雇员、投资者还是伴侣。简而言之，我们将为你展示如何在这个信誉的价值跟钱包里的现金一样的世界里变得"信誉富有"。

　　一个新的数字世界即将来临。在这个世界里，做好准备的人将驾驭数字信誉的力量赢得利益；没有准备的人则被甩在后面，且不知原因何在。你准备好了吗？

<<<<<<<<<<<<<<<<<

第 2 章

信息存储革命

信誉永久、便宜、无处不在

>>>>>>>>>>>>>>>>>

在明天的信誉经济里，几乎所有进入数字领域的事物，都可以以各种各样的形式毫不费力地、低成本地、无限地保存下来。确实，小规模的数字数据存储已经实现免费，大规模的数据存储也已变得极其便宜。不仅如此，它还变得异常容易：既然海量数据可以存储在"云"上，那么你不再需要靠有计算机科学学位的人（甚至不需要电脑，一部普通的智能手机就足够了）来建立一定规模的数据库了——建立这样的数据库原本需要庞大的硬盘设施和专业技能才能实现。于是，海量数据存储不再是中央情报局（CIA）、国家安全局（NSA）和其他"三字母"机构的独占领域，也不是IBM（国际商用机器公司）、SAP（全球性的企业应用和解决方案提供商）或其他"三字母"公司的专有事项了。

现在，任何具有亚马逊（Amazon.com）账户的人都可以存储几乎无限的数据，任何类型的企业——从银行到零售商到当地杂货铺——都在这么做。因此，你可以认为，你今天所做的任何数字化行为——从互联网搜索到信用卡交易——都将被记录下来并永久保存。

今天的计算机记忆内存比以前大多少呢？说真的，问一问火箭科学家们吧。宇宙飞船"旅行者一号"的功绩之一是，它是人类制造的首个离开太阳系的航天器。"旅行者一号"于 1977 年发射，带有当时最好水平的 6 台移动计算机，在 2012 年或 2013 年的时候（取决于如何定义太阳系的模糊周边）离开了太阳系。它的 6 台计算机总共带有约等于 68KB（千字节）的记忆内存。相比之下，今天仅一部当前水平的 2013 版 iPhone 5s，其价钱是前者的数百分之一，大小正好可以放进口袋，且具有 986 000 倍之多的记忆内存。

这场数字数据革命的开端可以追溯到 1890 年美国人口普查。那个时候，人口普查每 10 年进行一次，每次需要 8 年时间来统计，也就意味着上一次普查结束的时候，政府已经准备开展下一次的普查了。普查人员会挨家挨户地走访，在一张纸单上记下居民的情况，然后把单子交给许多个核对中心，那里的统计人员辛辛苦苦地对数据进行汇总。人们能做的似乎仅此而已了，直到赫尔曼·霍尔瑞斯（Herman Hollerith）的出现。这位地质工程师想出了一个办法，用穿孔卡片代替每家每户的手写记录。在霍尔瑞斯找到这个办法以前，穿孔卡片是用在织布机上面的，从未用来采集数据，但政府当时对于人口普查速度失望至极，于是指派霍尔瑞斯去开展 1890 年的人口普查，尽管他毫无相关经验。新办法的效果比霍尔瑞斯自己设想的还要好：穿孔卡片的方法使得处理人口普查数据所需的时间从 8 年减少为 1 年。一个人的生活情况可以在一张穿孔卡片上汇总起来，这一发现在很大程度上预示了一个世纪以后将要发生的数字数据革命。事实上霍尔瑞斯后来还成立了一家公司——后来的 IBM，它花了近 80 年的时间生产穿孔卡片，并主导了早期的计算机市场。

到 20 世纪 60 年代，穿孔卡片（有时也叫霍尔瑞斯卡片）仍是当时专业数据存储方面最好的技术，而且它无所不在，以至于伯克利大学的学生们的座右铭都是"不要折叠、刺插或毁坏"（Do not fold, spindle or mutilate）——这是 IBM 穿孔卡片上的标准警示语，警示人们不要毁坏卡片（比如将卡片插到餐厅里插票据的轴锭上）。从伯克利跨过旧金山湾，一个名叫斯图尔特·布兰德（Stewart Brand）的反文化者，也许是最著名（尽管有些讽刺意味）的穿孔卡片使用者了。1968 年，布兰德出版了《全球目录》（*The Whole Earth Catalog*）。这是一本文字目录，共有 430 多页，封面是最早期的从太空拍摄到的地球全貌图中的一张（那是布兰德游说了美国宇航局而发表的）。该目录意图囊括所有维持一个环保的可持续文明所需的物资和信息，从电弧焊机广告和网格穹顶广告，到贻贝层中磷脂成分的数学预测，到叙事性描写肯塔基州一个特拉普派共同体的葬礼过程，不一而足。

尽管布兰德的目录包含了假定计算机瓦解后文明发展所需的一切，他却是用IBM的穿孔卡片来管理目录的发行量的。他给每位订阅者发放了一张穿孔卡片。穿孔卡片让他可以快速处理数千份订阅信息、打印邮寄标签和收据、建立订阅者名单。业余之时，布兰德是位受欢迎的科技未来主义作家；他相信海量数字存储可以使利用信息和数据处理的机会被广泛民主化。他对声誉的最直接的影响是在1984年的一次会议上。其中非常著名的一段是，他告诉Apple（苹果公司）的联合创始人史蒂夫·沃兹尼亚克说"信息要免费"（information wants to be free）。这句话很快演变成科技自由论者的哲学信条，定义了互联网的早期追崇者，也启迪了我们现今生活于其中的整个数据采集文化。

15年很快地过去了，布兰德的"信息要免费"像句咒语一样，使得斯坦福大学校友谢尔盖·布林和拉里·佩奇建立谷歌时定义的公司使命就是："整合全球信息，使人人都能访问并从中受益。"布兰德的"信息要免费"的想法为"全球数据瞬间共享"奠定了基础。换句话说，很大程度上是由于布兰德的哲学信条，使得人人皆可获取的信息，从《全球目录》中书写的多类事实和描述，扩展到最终包罗世界上一切事物，包括个人情况在内。

　　布兰德说对了，但同时穿孔卡片的问题是，它们要占据大量的空间：1959 年拍摄的一张照片显示了当时的一间联邦档案存储仓库里堆满了装穿孔卡片的货板，每个货板放 45 箱卡片，加总起来约有 4.3GB（千兆字节）的存储量，占满的仓库至少有一个橄榄球场那么大。到了 IBM 和"350"磁盘存储系统的时代，数字被存储在堆聚的 50 个庞大的旋转磁盘上。这个磁盘系统就跟一个冰箱那么大，重 1 吨多，存储空间大约 4MB（兆字节）——只够存放一张数码相机拍出的分辨率较好的照片，或存一首标准音质的傻朋克乐队（Daft Punk）的《Get Lucky》。而且它的价格是数百万美元——可以租赁，每月约 3 200 美元（这是以当时美元值算的，接近于现在的每月 27 000 美元）。

　　然而，正当 IBM 发行它的首个重要磁盘驱动产品时，它也在忙着升级磁盘驱动的最大竞争对手：727 型盘式磁带系统，该磁带系统成了那个时代计算机技术的象征。727 磁带系统将数据存储在类似于卡带录音机使用的磁带上［对 1980 年后出生的人来说，当时没有 iPod（苹果公司的便携式多功能数字多媒体播放器）或 CD（激光唱片），人们使用的便携式音乐播放器就是卡带机］。

　　不同于使用庞大的旋转磁盘存储数据（它的优势是可以快速读取数据），IBM 的磁带系统则是在一卷长长的磁带上将数据存储为各个磁点。磁带系统的好处非常明显：存储容量只受限于可以装入机器的磁带的长度。如果磁带太长，那就将带子卷到另一个轴上。它的缺点是耗费时间——有时需要几分钟，甚至几小时来读取一卷长长的磁带上的数据。结果，虽然通过磁带存储数据的商用模式操作起来缓慢，但存储规模确实巨大。仅一个例子说明：今天，IBM的竞争厂商StorageTek推出的最小的商用模式磁带系统可以让你访问1 448卷磁盒，总共存储约1.4PB（拍字节）的数据（1PB=1 024TB=1 048 576GB≈1 576 000 000 000 000字节）。StorageTek宣传的最大系统可以存储457PB的数据——比今天居住在美国的所有人的信息（假设每人1.5GB）总和还要多。而那只是一个存储单元而已；我们还有可能将多个这样的存储单元连接到一起——如果你对数据存储量的需求真的如此让人难以置信的话。

存储单位换算

1 字节 = 1 个字母或数字

1 024 字节 = 1KB≈半页文字

1 048 576 字节 = 1MB≈一张中等分辨率的照片

1 073 741 824 字节 = 1GB≈一部高清电影

1 099 511 627 776 字节 = 1TB ≈半个研究型图书馆（客户端设备可以实现）

1 125 899 906 842 624 字节 = 1PB ≈足够存储每一位美国居民的高分辨率照片（商业上可以实现）

但是，磁带系统——还有庞大的硬盘系统——又大又笨重，且操作复杂。它们需要特殊的电源连接、专门的计算机服务器、特殊的灭火系统、易于散热和安装电缆的拔高的地板、一个组装系统的团队，有时还需要特殊准许。以上描述的磁带系统可不是个苗条美人，它重达 15 125 磅（合 6 869 千克）——一个可以压垮大梁的重量，足以要求人们对地板进行特殊规划，以免不小心把地板变成了升降井。而且当它工作的时候，每小时产生 44 380 Btu[①]的废热——比你打开一个普通的壁挂式燃气炉并让它烧一整天产生的热量还要多。

为了说明从那以后数据存储世界发生了多么大的变化，让我们将其与现在最无处不在、最为人所知的东西——iPod Nano（苹果的音乐文件播放器）——做个比较。第 7 代 Nano 是一个长方形的音乐播放器，具有独特的混合性能和尺寸。它跟一个普通的腕表差不多大小，只有 31 克重，在充满电的情况下可以连续播放 24 小时，可存储 16GB 的音乐——大约一个 160 码（约146.30 米）长（约一个橄榄球场的大小，包括达阵区）的书架装满的数据量，而零售价只有 149 美元（2013 年美元值）。该存储空间足以轻松装下美国所有男人、女人、儿童的地址和电话号码，还有剩余空间放一些健身音乐。

---

① Btu 为英制热量单位，1Btu 约等于 1055.06 焦耳。——译者注

当然，一个腕表大小的iPod还不是当前存储能力的最好水平。事实上，哪怕一个非商用的外带硬盘（可以连接到笔记本或台式电脑的那种）都可以存储几个TB的数据——约128个iPod Nano的存储空间，而且通常不会比两副扑克牌的尺寸大（如果按过去的发展趋势继续发展，它们将很快缩小到衬衫口袋的大小）。据估计，一个1TB的磁盘驱动器存储的信息，跟写在5万棵树制成的纸上的内容一样多；2TB可以存储一个普通图书馆的所有内容。换句话说，一个5TB的磁盘驱动器（现在任何有亚马逊网站账户的人都可以买到）可以存储美国所有人的数据（按每人17 500字节，足够放一张脸谱网的头像照片及过往现今的住址清单，还有空间给其他数据）。这些驱动器的价格已经低于200美元，如果按照过去30年存储技术的发展趋势继续下去，其价格将不断下降。

而这仅仅是普通个人在其台式电脑上能够存储的数据量！今天，大大小小的企业都可以在所谓的"云"（存在于互联网上的"永远在线"远程数据存储及处理设备的集成）上存储更海量的信息，而且几乎无须成本。多亏了一家默默无闻的网上零售商——亚马逊——提供了一项服务，让世界任何角落的任何公司，甚至任何持有信用卡或比特币的个人，只需点击鼠标就可创建一个海量存储系统。你不需要有一间特殊的服务器房、一辆叉车或宜家家具那样的组装指导，你只要有一张有效的信用卡，就能够在一般人们开车去最近的咖啡馆所花的时间内，建立自己的海量存储系统（几个 TB 的存储空间）。

这一切开始于 2006 年，当时亚马逊的首席执行官杰夫·贝佐斯面临一个难题：华尔街在经历前所未有的高速发展，而贝佐斯开始意识到亚马逊的商业模式——将货物装入箱子并运往全美国各个地方——出现了饱和迹象；某些时候，人们愿意在网上购买的东西一定是有限的。与此同时，亚马逊在南非的一小支研发团队已经十分擅长开发一些技术，让亚马逊的计算机服务器能够每秒同时处理数百个用户的请求。亚马逊由此可以使用更少量的计算机来处理网站的服务任务（网站有数百万的产品，有每秒 2 750 美元左右的交易，亚马逊需要处理海量数据的计算能力），这为亚马逊节省了大笔资金，也让它在发展壮大中更轻松地扩展计算机体系。

贝佐斯知道这项技术具有巨大价值——不仅对亚马逊自己的盈亏有影响（可以节约各处的计算机规模），对其他公司也有潜在意义。但问题是，亚马逊并不是一个卖计算机软件的公司；出售软件的自主安装的做法，跟其依赖广大用户群的商业模式背道而驰。而且这种软件也不是那种可以让你放到"App 商店"供他人下载的软件；它仅作用于数千台计算机相互连接而成的庞大的计算机"集群"。

但是，贝佐斯向来是个梦想家，他意识到他的这两个难题

（其一，为了公司发展，有必要取得大众市场；其二，自主软件缺少出路）似乎可以用同一个办法解决。贝佐斯（在一些帮助下）想出了一个办法：将亚马逊自己的原始计算能力［就是后来我们所熟知的"规模可调云托管服务"（Elastic Computing Cloud），或叫EC2］和它自己的在线存储容量［"简单存储服务"（Simple Storage System），或叫S3］租出去，让个人用户可以轻松地登录、创建账户，指示亚马逊的服务器处理或存储任何类型的亚马逊"云"数据。总之，亚马逊利用其新软件获得了一个巨大的消费者市场；这些消费者需要强大的计算能力，但不想购买或维护自己的硬件设施。有一个评论家这么说：亚马逊的天才计划就好比沃尔玛将传说中的配送中心和物流系统卖出去，让其他零售商可以使用它们来配送任何商品——从卫生纸到吸尘器到汽车零部件。

当然，所有这些存储空间如果没有东西填进去，便是毫无意义的。将电影《梦幻之地》（*Field of Dreams*）里那句著名的话改编一下："你建好了，他们就会来填"（Build it and they will fill it）——他们已然填进去了。2013年初，亚马逊S3基本在线存储服务就存储了超过两万亿的"对象"——每个对象约等于一个文件夹或一个数据库。用户包括Netflix（一个收费视频网站，它的流媒体服务利用亚马逊S3存储服务存储及分配了超过17 000个视频）这样的大公司，也包括Heroku（支持多种编程语言的云平台服务，它选择使用亚马逊的服务，而不是建立自己的数据中心或雇用自己的研发团队，也不需处理计算机硬件设备所带的各种复杂问题）这样的小型初创公司，以及后来更多的类似公司。虽然最初的 S3 和 EC2 服务实现了"存储空间"和"可使用性"的小小变革，但它们也相对昂贵。为了解决花费问题，2012 年亚马逊宣布了一项叫作"冰川"（Glacier）的新服务，提供免费的数据存储，但有一点：你可能无法立即得到想要的数据。亚马逊说，获取任意特定档案可能需要几个小时；实际使用者反映约有 4 个小时的延迟。该服务推出的时候，亚马逊每月每 GB 存储服务的售价约 0.01 美元，约等同于每月以 0.16 美元的价格买到前面所说的 iPod 的存储空间。虽然有些用户仍在抱怨价格"高"，但要知道，每月仅花费 50 美元就可以存储 5TB 的数据了——足以存储生活在美国的每个人的照片，或存储每一份记录在案的纳税申报单。

当然，亚马逊 Glacier 只是多个服务中的一个。这些服务让任何有电脑的个人都能够以几乎想象不到的极低价格存储海量数据。其他的例子包括 Dropbox（碉堡箱，提供本地文件的网络存储的在线应用），目前正免费提供给所有用户 2GB 的在线存储空间，并提供升级选择：每月仅花 10 美元就可升级到 100GB（即每 GB 存储价格 0.1 美元）；Google Drive（谷歌的在线云存储服务）可以让 Gmail Picasa（谷歌的免费图片管理工具）及其他谷歌服务的所有用户都可以免费存储15GB的电子邮件、照片等等。还有雅虎旗下的Flickr（图片分享网站），这一热门图片共享服务现在也给每个账户提供1TB的存储空间，足以存放约60万张普通大小的图片。这些数据存储容量一直在增加：谷歌历史性地在Gmail（谷歌邮箱）首页放了一个计数器，来显示它的免费存储空间在持续增加——15GB的存储空间是2012年时的"仅仅"5GB的3倍。

所有这些存储的总量是巨大的。一项研究估计，早在2007年全球数字数据存储总量已经超过了2 950亿GB。一位研究员说："如果我们要将所有这些信息存储到书本中，我们将以13层的书本覆盖整个美国或中国。"

总而言之，今天，花费不到一部iPod的价钱，企业就可以存储海量的关于你的数据，从"点击过的广告"的历史记录（包括你在访问哪个网站、在一天中的什么时间访问、你最终是否从广告主那儿购买了产品），到收费器上的交易历史（反映了你开车到过什么地方），到信用卡购买记录，到你在脸谱网上发布的每一张照片（不论是你上传的还是一个朋友上传的），不一而足。

像泥土一样免费

数据存储价格大幅下降的真正意义，也即令人震惊的一点是，现在大多数数据的保存比将其删除更便宜、更容易。删除数据关乎艰难的商业抉择：万一我们还需要那些数据怎么办？万一它还有价值呢？要是我们不小心删除了一个活跃用户的订单怎么办？而且就算做出了"删除"的决定，也需要计算机程序——有时还需要数据库工程师——来实际操作。在一个理想的世界里，每一个数据库都是谨慎地设计出来的，可以轻松删除旧数据。但现实中，大多数据库都随着时间的推移拼在一起，并未考虑今后要如何删除数据；如果一个数据库非常复杂，那么一个程序员需要耗费几十个小时（或更多）从新数据中整理出旧数据并准确地删除不再需要的部分。

雇用一个可以娴熟地处理如此复杂的数据库的程序员，一不小心就要花费 100 多美元（每小时），而且价格只会越来越高。一个非常小的数据库——比如一个拥有几千用户的小型网站——也许就要耗费 10 个小时（这是一个极其乐观的估计，前提是数据库整体设计良好）来对其进行梳理，以确定如何删除掉一堆旧数据。那么仅编程至少需要花费 1 000 美元，更别说错失的机会和因此分散的注意力；如果没有任何备份的磁带（很慢）或其他"线下"的数据备份，代价往往更大，也许需要多花数小时（甚至更多）到这项工程。对于像脸谱网的数据库那样的，它存储在许多不同的服务器上，具有数万亿的记录，所以哪怕在原数据库设计之外做一点小小的改变，都可能花费成千上万美元甚至更多。

　　就在不久以前，1 000 美元（从一个简单的数据库删除数据所需的花费）只能再新买 800 000 字节的存储空间，还不够存放一张脸谱网的头像照片（价值 500 美元的磁盘驱动器是 20 世纪 80 年代苹果麦金托什电脑的标配，按现在的标准，它的存储容量小得可笑）。由于存储的成本很高（相对今天来说），因而通过删除数据来保留存储空间的策略在当时看来情有可原。而如今，对于一个维持自有存储方案的公司来说，1 000 美元（按当前美元值）可以买到超过 20TB 的永久存储空间，是麦金托什驱动内存的 4 000 万倍之多。如果一个公司愿意使用磁带存储，1 000 美元可以买 5 倍的（约 100TB）磁带存储空间。存储价格下降如此之快，以至于假如你今天买了一个带 1TB 内存的电脑，等到需要更换电脑的时候，同等的价格可以买到内存大得多的电脑了。所以，一个公司如果可以以无限低的价格购买更多的存储空间，何必还要自寻烦恼去删除数据呢？

　　于是，无限存储数字数据（而非删除它们）成了既定的策略。这个策略不仅适用于你在脸谱网上发布的东西以及保存在个人电脑里的信息。你的工作邮件很可能会保存在备份磁带上面若干年，除非你的雇主有理由删除它们（虽然有些聪明的雇主为了谨慎起见，确实会推出一些邮件销毁政策来抵消数据永久传递的可能）。你的工作项目——无论是演讲、报告、财务预估、幻灯片（还有你傻傻地保存在工作电脑上的任何私人信息）——都可能永久地保存在一些公司硬盘上。再说一次，如果硬盘满了，买一个替代硬盘会比从数千个旧文件中找出哪些需要删除、哪些需要保存要便宜且简单得多。如果搜索一个主流法律公司的档案存储系统，只需一个点击就能展示从 20 世纪 80 年代起直到 21 世纪第一个 10 年的成百上千个文件；公司里有哪个律师（每小时挣几百美元）会耗数百个小时的宝贵时间去找出哪些文件依旧有用、哪些文件已经无用呢？

还有你的私人电子邮件，如今也被无限地存储。在 2004 年谷歌推出 Gmail 之前，许多网页邮箱仅提供 10MB 存储空间。微软有名的 Hotmail（微软的电子邮件服务）服务只提供 2MB 的存储空间，比现在的一张数码照片还小。受限于如此小的容量，用户不得不经常删除一些邮件来释放空间给未来的邮件。从某种程度上说，人们习惯了像处理普通信件一样处理电子邮件：读完来信内容，然后将大多数信件扔进垃圾桶，可能只保留了最重要的几封。清理邮件是个无穷无尽的任务——电子邮件应用（比如 Hotmail）甚至还带有一个显眼的"删除邮件"（Delete Message）按钮，来帮助用户清理收件箱。

2004 年，Gmail 的问世改变了这一切。Gmail 宣布，用户可以得到 1GB 的存储空间——当时普遍标准的 100 多倍，微软标准的 500 多倍。不用说，谷歌将"删除"按钮换成了"档案管理"

（Archive）按钮，用以将旧邮件从收件箱中移出去（并非删除它们），将它们永久地保存在Gmail"云"上（说不定哪天，你需要那封你姑妈在2006年写给你的"搞笑"邮件——来自她的AOL（美国在线）账户，尽是些搞笑段子——请放心，它被归档了）。多年来，谷歌为用户提供的邮件存储空间持续地扩大；多年来，它提供的总存储空间每天都会增加一点；如今，连同其他"云"产品一起，谷歌总共提供了15GB的存储空间。其他的电子邮件服务商也跟着扩大他们的存储空间，让"档案管理"按钮比"删除"按钮更显眼。谷歌通过让删除邮件的操作比保留邮件更不容易（当然删除还是可以的，只不过"删除"按钮放在不容易找到的地方），从而改变了用户对于如何处理数字数据的看法，让他们更坚定地相信：数据永远在那里。

同样地，这几年来脸谱网也扩大了它的存储容量；它发现了购买新的存储空间比删除数据更容易、更节约成本。脸谱网购买新的硬盘驱动的速度之快足以存储每一个新增的用户账号、每一张新上传的照片、每一条新发送的消息及每一个被10亿多全球用户点击的广告，即每天增加500TB的存储量。这意味着每天增加到脸谱网数据库的数据相当于议会图书馆所有印刷资料上的信息的50倍。即使那些从你的公共页面上去除的信息，也很可能被保存了在其他地方：如果法律执行有所要求，脸谱网可以建立用户数字档案，有些用户资料不止80页；它不仅涵盖你公开

的信息（照片、状态等等），还包括公众看不到的信息，比如你
删除的好友关系、你以为已经删除掉的信息墙、近期登录的IP
（互联网协议）地址、浏览过的一系列网页等等。一些数据专家
认为，即使你点击了"删除照片"（Delete Photo）的按钮，脸谱
网其实并没有从它的服务器上删除这照片。还有推特呢？推特每
天产生 4 亿条信息，美国国会图书馆甚至还永久保存了推特上的
每一条公开信息，不论其内容是什么。

还有数不清的其他领域都是如此。可以这么认为，现在你的
每一个数字行为都被永久地记录在一个或一个以上的地方。也许
它还没有完全被分析（很快会的，见第 3 章）或被使用（见第 4
章和第 7 章），但它就在那里，在某个地方永久存档，等待着在
你意想不到的时候浮出水面。所有你的财务往来是这样的，从信
用评分查询，到 ATM（自动柜员机）取款，到股票交易。你写
的关于公司或业务的每一个字是这样的，从博客文章，到推特信
息，到正式的新闻稿。所有你在政府的记录也是一样——每一次
财产税支付都是公开的，并归档于州政府处；每一张犯罪嫌疑人
的照片都在线公布且存放在几十个网站上，无论当事人有罪无
罪，或哪怕根本是一次错误的拘捕行动。你发布在网上的每一
条评论——关于每一家酒店、每一部电影、每一本书、每一家
餐厅的评论以及你在餐桌前拍的 Instagram（一个抓拍图片的程
序）照片——亦是如此。还有大量丰富的元数据——比如你的位

置——也是一样，你可能都没有意识到自己的智能手机正在记录你的信息。多年来，主流线上广告主们无限地保留了你每一次广告点击的详细记录；只有来自监管机构的压力，让他们在数月后开始从数据中去掉你（但不删除）的名字。

你的每一次信用卡交易——不管是线上或线下——不仅被信用卡公司追踪并永久保存，也被卖方的支付操作系统追踪并永久保存下来（然后通常卖给了其他的零售商）。每个填好的药物处方都进入了庞大的处方数据库，即使它本身是最高法院诉讼案件的话题。你二十几岁时的在线相亲档案（带着那些尴尬、讽刺的信息）保留在某处的某个服务器上，哪怕你早已幸福地结婚并生育了三个可爱的孩子。你的手机所连接的每个信号塔都建立了永久的数字轨迹，让你的每一步都被切切实实地、永恒地记录下来。还有每天通过手机或家庭电脑浏览过的网站，还有很多公共场所的安全监控录像等等，数不胜数。

跟你的职业发展直接相关的数据也被永远地追踪和存储。即使你不使用领英，你的朋友和同事们已经开放了他们的通讯录并自动将你列为认识的人，这给了精妙的计算机算法一个重大提示，使其了解你在公司里的情况。你的历史薪水记录被雇主的薪水支付程序存储下来；尽管还不知道它会被如何利用，但都保存着。你发布的每一篇关于公司的帖子也都保留在案——即使你认为自己是匿名发的，它仍可能被追踪到；尤其现在，越来越强大的计算机软件往往只要根据写作风格就能认出是你。

有没有曾经行驶在乡间小路上然后看到"免费泥土"①的标牌？有这样的标牌是因为这种泥土无处不在，且几乎无法处理掉——容易找到，容易保存，但很难去除。大多数人如果把它挖了出来，结果就那么把它留在那儿了；大堆的泥土也许几个世纪都留在那里。在美国一些地方还留存着内战期间防御用的泥土；在伊利诺伊州，有些泥土甚至是公元 1400 年前卡何齐亚当地族群留下的。这些泥土似乎要永远地留下了。你的数据就像泥土一样留在这里：积累容易，清除很难。

这场数据存储革命最显著的结果是，声誉上的污点将永远存在。哪怕是犯下的一次性错误，如果它被保存在数字领域，它将跟着你一辈子。如今不都是这样吗？有没有在心情极差的某一天骂了客户一顿，结果被录成视频放到了 YouTube 上？上班时偷偷忙自己的私事被逮个正着？戴着谷歌眼镜的八卦邻居看到你在丈夫出差时与一位陌生人共享烛光晚餐，然后他把这一幕拍下来发到了脸谱网上？更糟糕的情况是，数据的留存能力如此之强，以至于我们的数字信誉往往还要被莫须有的罪名所玷污。

例如 2012 年的"麦当劳吐痰事件"。南卡罗来纳州一家麦当劳餐厅的一位柜台员工因向顾客的饮料中吐痰，被指控"恶意污

---

① Free Dirt，即往往含有许多残骸、污物、化学成分等的一般泥土，相对于可用以园艺种植的昂贵泥土而言，它是免费的。——译者注

染食品"。虽然该项指控由于没有证据而撤销了（实际上现在被怀疑是捏造的），但是多年后在谷歌上搜索这位员工的姓名，仍能搜出那次事件的相关文章。该员工的信誉永远地印上了"遭受指控"的污点。

同样麻烦的还有，在加利福尼亚州曾有报道称：那些暂时被列入州政府的虐待儿童者名单的父母，尽管后来被免罪，他们的名字也没有从名单中删除。加利福尼亚州瓦伦西亚的一对夫妇，被告上了美国最高法院，尽管下级法院判他们"事实无罪"，他们的名字仍没能从名单中删除。

而且如今，在很小的时候就开始对你做永久数字记录了，关于你的信息将由此延续。在英国，政府事实上已经建立了数据库记录那些有不良举止的学龄儿童。其目的是，即使学生们搬到其他地区，关于他们的记录是相通的。而政府只字未提数据库的删除政策，所以这些记录完全有可能跟着这些孩子到他们成年。再次说明，这些污泥一般的数据，易于收集，难以除掉。

类似的，任何对你不利的他人行为也会永久保存。比如有关"恃强凌弱"的情况：如果人们发现你被他人欺凌，可能会对你产生偏见或者总把你当个受害人看待。例如，今天如果谷歌搜索"凯伦·克莱因"，结果会出现"被欺凌的校车监管员凯伦·克莱因""凯伦·克莱因，被欺凌的校车监管员"等信息。这些结果起源于2012年的一个事件。当时，有点耳背的68岁老人克莱因女士兼职做校车监管员。一群七年级学生开始恶意奚落她，用手戳她，叫她胖子，甚至过分到（也许是不知不觉地）拿她大儿子自杀的事嘲笑她。而另一群学生则拍下这一幕，后来将视频放到了 YouTube 上。在可预见的未来，任何人只要搜索她的名字就能看到关于她如何遭受欺凌的情况，而不是关于那些年她为社区做出的贡献或任何关于她过去 67 年的生活。

而永久性数字信誉的影响远不只谷歌搜索中出现的结果那么简单。那些永远不会出现在谷歌上的事件，比如发了一封逾矩的电子邮件给一个同事，或没有偿还信用卡，或借债超出自己的能力范围，或深夜看到广告后进行购物，或"借用"邻居的无线网络或有线网络时被抓个正着，这些信息都可以通过信誉引擎获得，并在你的永久性数字信誉上印上污点。

不只是一次性事件（像延迟偿还信用卡、不恰当的抱怨），长期的行为——甚至那些看来完全正常或目前无害的行为——也会被记录下来并永久保存。例如，旧金山市正在给当地的 819 辆公交车全部安装数码摄像头，一旦有占用公交车道的私家车就拍照记录。一家名为 Vigilant Solution 的公司通过数千个回收代理使用的视频摄像头收集数据，来查找目标车辆，且将数据合并到一个庞大的共享数据库，法律执行部门可以从中获取数据。2010年，这个数据库包含了超过 18 500 万个车辆位置记录，每月增加 2 300 万个新记录。不论出于好意还是恶意，一家私人公司可能掌握着你所到之处的所有详细记录。

随时，随地

在数字数据永久性存储的世界里，你还应该知道，任何与你有关的存储数据，都可能在任意时间突然出现在新的情境中。这是因为在信誉经济里，你的各个"世界"之间的界限越来越模糊。使用一个在线相亲网站似乎是匿名的：通常只显示名，不显示姓，或者只显示昵称，大多数网站也会提醒你保护身份安全和隐私。但是某个博主已经发现了一项技术，该技术基于用户的照片，利用公共脸部识别工具在脸谱网上找出Match.com的用户——哪怕Match.com的用户并没有提供全名。脸谱网知道这件事后，没有使用这个技术，也没有阻止它；事实上脸谱网买下了这一脸部识别技术并把该服务关停了。截至目前，这个软件并未上线，但是设想一下，脸谱网的照片识别技术将来会有什么用处呢？

相亲网站不是唯一一类拥有令人担忧的可渗透数据库的网站。一家名为Ark的公司最近获得了420万美元的种子融资，要将脸谱网、领英这样的社交网站的数据聚集合并，并关联到新闻和网页信息。一家名为Spokeo的公司多年来收集公开记录，并将它们与社交网络资料联系在一起；花几美元，Spokeo服务通常就能提供给你某人的家庭住址信息及其脸谱网或领英链接。如果你的网上银行使用你原来的住址或邮编作为安全提示问题，Spokeo已经让它变得不安全。不管你的信息存在于互联网的哪个地方，只要它在那里，它不仅是永恒的，还能在不经意的时候突然出现在任何一个地方。

那么归根结底，很多人要说："那又怎样？"每个人都有过去，每个人都做过尴尬的事。有些人天真地认为总有一天我们都会忘了它：我们会意识到每个人都有历史，我们的永久数字记录到时也只不过是过眼云烟，对于我们当前的线下生活没有不良影响。但是，从近几年来看，即使那样一天真的到来，也是在很久以后。因为很长时间内企业都可以合法利用所有这些数据来雇用最好的候选人、识别最坏的信用卡风险、向易受伤的客户收取更高的费用和保险金等等——他们会这么做的。最好的选择不是去抵制它，而是管理好你的永久数字记录，让它能够将你置于信誉利弊中利好的那一边。

值得欣慰的是，尽管身处数字永久性存储的世界，我们仍可以做一些事情保护自己，免受无处不在的大数据及大分析"特工"带来的伤害。第一，显然，我们要时刻知道，我们所做的每一件数字化的事情都会被记录并永久保存。如果你想保证安全，要记得：永久存在的数字记录会延伸到你在外面的任何活动——不论线上还是线下。

　　第二，要警惕在怂恿下坦白错误。我们明白，在脸谱网上倾诉过错可能是一种释放，但在信誉经济里，哪怕今天承认的一个微不足道的错误，都可能萦绕余生。也许你想说说你如何将这次热带旅行的费用算到公司的账上，也许你想说说自己如何在毕业考试中作弊——发这些推文前，需要三思。举一个更严重的例子，假设你遭到不实指控，说你在工作中有小毛病，像是违反公司规定把办公用品拿回家，或是连续几天上班迟到，然后你的老板说只要你承认错误就既往不咎。在数字时代以前，揽下错误（即使你只是被诬陷）可能是阻力最小的选择。但在数字时代，要知道，你的招供记录（违心的记录）会永久保存，然后在你应聘其他工作的时候浮出水面。听起来太极端了吗？它已是事实：一家名为First Advantage Corporation（一家背景调查公司）的公司，其售卖的数据库（名为"自尊"，颇具反讽意味）包含了一个零售业员工的名单，这些员工承认了偷盗公司产品——虽然没有提起过犯罪指控。Target（塔吉特公司）、CVS（美国最大的药品零售商）、Family Dollar（美国一家连锁超市）这样的著名零售企业在考察应聘者的时候，将自尊数据库包括进去，作为应聘者背景调查的一部分。据《纽约时报》报道，"很多员工不知道自己承认了偷东西，也不知道信息会保留在数据库中"——在只要承认错误就能既往不咎的天真交易下，他们怎么可能知道呢？

　　因承认了自己本没有犯过的错误而被记录在案，这可能会有更严重的后果。近几年来，有些情况已经引起了政界不满：也许某人多年前被指控犯罪（不严重的），他采取了"无罪申诉"（nolo contendere，拉丁语，指被告不认罪但又放弃申辩），此后他申领绿卡和持枪许可证时都遭到了拒绝。信誉经济以前，定罪记录仅写入当地的纸质档案中，可能今后几十年都无人问津，但自从州政府将定罪记录存储到数字数据库后，这些记录已经不可能从人们的视野中消失。

第三，可以通过制造数字烟幕，让那些不想被发现的数据在搜索结果中"让位"。第一步就是要确认哪种类型的信息出了问题。如果是公开搜索结果——那些出现在谷歌、必应（Bing）、雅虎等上面的信息——那么有救了：尽可能多地发布一些正面"噪声"（获得的职业技能奖项、达到的健康和健美指标等等）就有可能把把负面信息压下去。

不管哪种办法，要制造尽可能多的烟幕。为了对抗公开搜索结果中错误的、误导的、过时的、不当地过分强调的信息，Reputation.com和其他一些网站已经公布了基本处理方案：建立大量的关于自己的积极内容——越多越好！广泛公布出去，重复发，直到搜索引擎和信誉引擎被正面信息广泛覆盖以至于它们把负面信息当成偶然事件或偏差一样忽略掉。在推特、领英、脸谱网、汤博乐（Tumblr）、拼趣（Pinterest）上面建立公开账号，在其他任何可以让你的公开资料有一席之地的网站上建立公开账号

[如果你对政治讨论感兴趣并愿意发表公开观点的话可以选择每日科斯（*Daily Kos*）、《赫芬顿邮报》（*Huffington Post*）这样的网站，或者还有跟职业相关的专门网站]。确保这些账号的信息足够让计算机自动将它们关联到一起（在每个账号资料中列出一致的地理区域，将每个账号中的学校、公司这样的背景信息连接起来——哪怕它们不是真的，至少要保持一致），然后就是持续发布。建立一个你觉得可以公开的形象，当电脑或人类读到它时，你不会觉得被冒犯了。

而且，不要觉得不能做一些荒诞的事；计算机在许多方面仍是"愚蠢"的。例如，假设你被错误地标注为对健康和健美问题甚是担忧。这时你可以买一个Fitbit智能手环，这款美其名曰计步器的手环用来追踪你的步行数，并将数据上传到一个显示你的运动量的网上公开账号。如果确实想要耍点诡计，可以把手环扣到狗的身上（或者，如果你家的狗跟作者家的狗一样特别懒，那就扣到孩子身上或油漆搅拌器上），然后你会迅速成为镇子上最健美的人（至少从互联网上看来是这样）。记得要把你的Fitbit档案公开，关联到脸谱网的账号上，在Fitbit网站和其他专业网站（如领英）上都使用相同的照片，不然的话也要帮助信誉算法得到提示。这样不公平吗？也许吧。但这可能是纠正对你不利的错误的唯一办法。或者，你可以开始将同事的蔬菜沙拉的照片发布在Instagram上，虽然你其实在啃薯条。也许有一天信誉引擎终将聪明地识破这些伎俩，但不是现在。

如果你是一家企业或任何类型的专门服务人员（不管是美发师还是高端战略师），要从最热情的顾客那里收集评论。很多口碑评论网站兼顾点评数量（评论越多，排名越靠前）和点评质量（平均星级越高，排名越靠前）。找出那些热情的顾客——不论是通过询问他们的体会，或通过自己的调研，或只看看他们买了什么——鼓励他们留下评论。当然，如果你花钱雇人来点评，美国联邦贸易委员会披露你的做法，但是给顾客一张优惠券然后另行要求评论的做法是允许的；我们其实并不鼓励以奖励来换取评论，但很多行业都这么做，因为几十年来他们用的都是这种调研流程。relp（美国最大的点评网站）和 Google Plus（谷歌推出的社交服务）这样的网站显然是首选，但也可以考虑行业细分的专门网站，比如关于房屋修缮服务以及其他家庭服务的 Angie's List（美国一家口碑评论网）。还可以看看企业用人方面——像 Glassdoor（公司点评网站）这样的网站基于员工评价来给企业排名，如果你在 Glassdoor 的排名不太好，你的招聘形势恐怕会受到严重影响。

要保护你的隐私，尽最大努力阻止那些有潜在破坏力的信息的扩散（一旦从既定情境脱离出来，任何信息都可能是有害的；今天的普遍态度 20 年后也许就是禁忌）。确保你在推特和脸谱网的私人信息不被轻易发现，保证其私密性——将私人想法设置为不公开，再另外建立一个温和的公开形象。脸谱网关于隐私权的最新进展是，个人用户可以重命名自己的"私人"账号，让姓名变成一个只有好友可以辨认出来而计算机无法识别的变量（类似"Michael Frtk"或"MchlFirtek"之类），并将整个账号设置成"仅好友可见"。这种方式不能堪称完美，因为最终计算机会识破这种伎俩，但是加一层保护总比什么都没有好。与此同时，有些人会建立新的公开账号，发布与工作相关的温和的内容，以全名形式完全公开给所有人，由此创建假的足迹。这些操作原则上违反了脸谱网的使用条款，但是脸谱网似乎没什么兴趣阻止它：不论建立私人账号还是公开账号，脸谱网在乎的是宣布一个总的"活跃用户增长量"。重要提示：如果你已经开始将世界分为"私人"和"公开"，要注意将两边的照片严格分开——任何在公开账号上出现的关于你的照片不应再出现在私人账号上，反之亦然。

近来激增了大量的软件和App，它们可以将查看过后的信息删除，或在特定一段时间后将信息删除。比如热门的通信服务Snapchat（一款"阅后即焚"照片分享应用，频繁地为青少年所用，但不仅限于青少年，相互间传递八卦、谣言、情书和裸照，当收信者看过后这些信息就会自动删除）。虽然这些远远谈不上完美——2014年初，一个黑客找出了下载与Snapchat用户姓名关联的电话号码的方法——但总比没有好。只不过不要对信息安全过分自信了；即使Snapchat让信息保存变得没那么容易，你也无法阻止信息接收者（或网站入侵者）对你发的东西拍照留底。如果是应用在更严肃的场合，还有一些通信安全服务，比如TigerText（老虎短信），可以设置为在接收信息后将它们永久删除且无法恢复——对于企业或组织内部的临时谈话来说堪称完美了。如果你还想要更多的安全性，Telegram App声称他们使用了军事级别的加密保护，连其创始人都不能破译。撰写本书的此时，他们承诺，如果有人能够破解这个App的加密程序，可获20万美元奖励。

而关键在于，保护你的信誉所需的警觉性，远不只"在购买尴尬物品时通过现金而非信用卡支付、删除脸谱网上面不合适的照片或将过激言论发布在化名账户而非真实姓名的账户下"。今天，所有这些行为，只要通过足够的努力——越来越少的努力——就能进行数字追踪。

虽然数字信誉上的污点永远无法删除，但有办法不让它们被轻易发现。本书接下来的章节会传授你更多的招数，用正面信息淹没负面信息，将不希望被发现的信息隐藏，让你的永久数字形象最大限度地光彩照人。

第 3 章

一切皆可被评分

任何可收集可聚合的东西皆会被评分

当然，我们知道，每天都有海量的关于你的信息被收集和永久地存储。但是收集的数据本身并没有多大意义，真正的意义在于人们怎么处理它。即便是在一个生活的每个细节都被捕捉的世界里（也许一架小型无人机携带一个高清摄像头盘旋在你周围），如果所有这些数据都锁进一个尘封的、被官僚机构层层掩埋的巨大仓库里，或放在一个摆入其中的东西都会慢慢消失的盒子里，那么这些数据还能造成多大伤害呢。在那样的世界里，私人信息所涉及的风险或价值都是有限的：如果你被捕了或者被审计调查，也许它会被挖出来，否则，它终将渐渐地模糊，静静地被淡忘，没有人会知道。

好消息是，今天的数据采集方法还没有小型无人机那么冒失

（虽然它们越来越接近）。坏消息是，收集起来的关于你的数据不是放进了某处某个隐秘的、安全的盒子里。相反，它每天都在被使用。因为不仅是数据存储变得便宜、永久、无处不在（正如我们在前面章节了解的），新兴的技术还使得分析、量化数据及从中得出结论变得更简单、更轻松、更便宜。

我们在前面章节已经看到，今天的信誉经济里，有海量的数据待挖掘，使从中得出关于购买习惯、工作表现、历史财务记录等各个方面的信息。而对于我们未来行为的预测——比如我们接下来可能购买什么产品、我们会变成多么有工作效率的员工、我们有多少偿还债务的可能性——涉及了聚合数据、过滤数据及分析数据的过程，它们具有前所未有的精准度和成熟度。要在以前，分类、分析这些海量的数据集以找出有用的、可预测的信息，需要借助庞大的、不成体系的计算机蛮力；近期以前还没有一个良好的系统可以让计算机基于这些数据集来回答复杂的问题或做出可靠的预测。但是一切都在变化，快速地变化。

2004 年，谷歌的两位工程师杰弗里·迪安（Jeffrey Dean）和桑贾伊·格玛沃特（Sanjay Ghemawat）公布了一篇论文，它这样描述（用工程师的话来说）："一个简单而强大的接口，可以让大规模计算进行自动平行化及分配，并且实现大群商用计算机的超高性能运作。"简单来说，就是他们琢磨出了一种方法，使用成千上万的小型计算机（而不是一个尽可能大的大型计算机）

来处理庞大原始数据集并回答复杂的问题（他们已经就此发表了主要论文）。

　　回想一下数据分析的旧模式——一台大型的计算机单独解决整个问题——就像一个人在做一张有 100 道选择题的试卷。相反，迪安和格玛沃特提出的新模型就好比将这试卷的 100 道题分给 100 个学生，每人回答一个问题，再将所有答案汇集到一起写在答题纸上。换句话说，此系统好比让原本一个人花数小时才能完成的试卷，现在由一个团队在几分钟内完成；原本由一台计算机花数小时进行分析的数据集，现在可以由一群计算机在几分钟甚至几秒内完成分析。他们把拆分问题并回答的这一过程称为"Map"（映射），把答案归总到一起的过程叫作"Reduce"（归约）；他们还对系统做了配置。任何电脑都可以选择实行 Map 功能（拆分问题并回答）或者实行 Reduce 功能（将答案归总到一起）。

　　这不是人们首次尝试通过"多计算机平行化"解决问题，但这一次却是最优雅、最易于实践的。事实上，它的门槛如此之低，以至于开创了一个非正式工程师的新领域。不仅如此，该系统非常强大，可用来处理的数据量远远超过 100 道选择题的程度——试想数千学生组成的团队自动分成小分队和子分队，每个小团队解决海量复杂的考试题目。有些学生会自动将问题分配给其他同学，有些人回答问题，还有其他人在收集答案。最厉害的是，他们的角色可以随时转换——分配任务的同学可以去回答问题，反之亦然，取决于哪个时间点哪个工序需要更多的资源。

举一个例子来说明MapReduce（可用于大规模数据集并行运算的编程模型）可以做什么。谷歌的一群计算机科学家想创建一个简单的图形识别系统（计算机视觉的基本形式），但他们完全没有进行计算机编码识别图形，而是创建了一种算法，将看到的图像作为一堆像素，并没有提示在图像中寻找什么。然后他们使用了一种类似于MapReduce的系统，建立了1 000台计算机的集群。三天后，科学家给这一计算机集群输入了1 000万张来自互联网的图像并让系统寻找类型。计算机找出了很多种，最惊人的包括一种可以区分猫和人的身体或脸的识别系统——精准度好于很多由详细规则创建起来（这是十分痛苦的过程）的系统。（如果一个完全未受编码指导的计算机学会的第一件事是区分人的图像和猫的图像，对于人们正在网上发布些什么，它能有所指示。）

就在不久前，一位名叫道格·卡廷（Doug Cutting）的工程师找到了将这种技术付诸实践并供公众使用的办法。卡廷正想要建立一个免费的、"开放源码"的、能与谷歌抗衡的搜索引擎；不同于谷歌的"封闭源码"软件（谷歌非常严密地保卫着自己的搜索引擎代码），他要把他的源码以及搜索引擎提供给任何有需要的人。他将此系统叫作Nutch（开源Java实现的搜索引擎）。在MapReduce的研究论文发表后不久，卡廷和他的同事迈克·卡法雷拉（Mike Cafarella）意识到，MapReduce这一新技术通过让许多小型计算机处理海量网页检索，可以明显地提高Nutch引擎的速度——在以前，这个任务需要一台巨大的、无比昂贵的计算机来完成。

兼容MapReduce的原理需要重写大量的Nutch代码，但是一经完成，Nutch的团队发现Nutch的速度即刻得到了提升；具备MapReduce以后，Nutch系统每月可以读取并分析数亿页面。而且该系统似乎可以无限地扩大规模：唯一妨碍团队去分析更多页面的因素是购买更多计算机的资金问题，或者网速问题。

很明显，Nutch的起飞并没能真正与谷歌抗衡（你什么时候听过有人说"我Nutch了你"？）[1]但是Nutch所激发出来的一些新技术继续给"数据分析"的世界带来巨大影响，正如Google给"搜索"的世界带来的影响一般。Nutch仍旧以"开放源码"的软件形态存在，它带给数字世界的真正影响来自于它的分布式系统架构：一个叫作Hadoop(分布式系统基础架构)的软件系统。（也许你会想，Hadoop这个名字是不是来自于卡廷的儿子的玩具大象名字；不过卡廷说他选这个名字是因为它"简短，相对易于拼写和发音，没别的意义，也没用在别的地方"。）

本质上说，Hadoop将TB级规模的数据分析带入海量规模——或者至少接近海量规模。在Hadoop之前，任何真正大规

---

[1]　人们常常会说"I Googled you"（我用谷歌搜索了你），但没有人说"I Nutched you"。——译者注

模的数据分析项目都需要写一堆甚至超出了MapReduce概念的计算机代码，比如监测成千上万台个人电脑的进程并把每一台的结果整合为一个连贯的答案。有了Hadoop，所有原本需要的大量投入变成了自动化实现——Hadoop可以分布任务、整合结果、保存烦冗的数据、验证每一项待完成的任务。Hadoop软件包还能处理许多小得让你意识不到其存在但又极其复杂的问题。例如，它会将工作计算机与存储位置尽可能近的数据匹配，从而提高系统速度，减少网络拥挤。此外，由于卡廷将Hadoop作为免费、开源的软件公开给了全世界，现在任何一家有计算能力的公司都可以以最少的间接费用和最小的努力，分析无限的数据。

这些技术创新证明了Hadoop系统比卡廷自己预期的还要强大，也更受欢迎。2007年，在它推出不久后，脸谱网开始利用它从海量的用户数据中整理并提取有意义的信息。到2008年，脸谱网安装的Hadoop已经通过2 500台平行计算机进行数据分析，比如网站统计和网站使用量。到2012年，脸谱网宣布说它在使用Hadoop分析一个存储总量超过100PB、每天增加0.5PB的数据库（记得吗，100PB约相当于20亿个文件柜的数据信息，长度足以往返月球三次，或者换个角度，足以存储1 300年之久的高清电视内容）——这些都是通过一个基本现成的、免费供任何人下载使用的系统来实现的。

数以千计的其他公司也应用了Hadoop：亚马逊利用它在数

百万购买订单中找出类型并推荐产品；领英通过它来推荐"你可能认识的人"；雅虎在 4 万个计算机系统中运行 Hadoop 以筛选出垃圾广告、自定义你的首页、分析广告趋势等；还有 eBay（易贝），利用 500 台带 Hadoop 的计算机分析畅销卖家、畅销商品以及其他未公开的目的；Zions Bancorporation（美国金融服务公司之一）用带 Hadoop 的计算机集群分析可能性欺诈交易；还有初创公司 ipTrust 利用 Hadoop 给每一个 IP 地址分配一个"可信任评分"，也是用以监测欺诈行为。就连美国军方也加入这一行列：武装部队通过代理商 Digital Reasoning（一家专注于认知计算的公司）的帮助，使用一定数量（未指明）的计算机分析情报文件之间的相关性。

其他的数据分析公司，比如总部在得克萨斯州的 Delphi Analytics，虽然没有公开表示他们在使用 Hadoop，但是他们确实采用了类似的方法分析海量的消费者数据。Delphi 帮助债主们建立模型，他们称之为债务"表现"模型——基本上是用来预测债务能否得到偿还。他们建立了自定义"行为评分算法"，将每一笔债务的数千个变量与曾经偿还（或未偿还）的类似债务做匹配，然后通过这些数据预测哪些客户会偿还债务，哪些会抵赖。他们利用了一切相关信息，从"客户在所在街区的相对财富"，到客户的汽车燃油情况等，以此建立模型，而且最近还融入了社交网络的数据。用他们的话来说："社交网络信息里可以发掘有用信息。他们是哪些小组的成员，他们有什么样的特殊爱好，他们的朋友圈都有什么行业的人，他们对于社交媒体本身的热衷程度等等。"其他那些每天 24 小时都在脸谱网上面的人没有偿还债务吗？我们无法确认或否定关联性，但是我们可以告诉你，如果你也是一个活跃的社交网络用户，使用了 Delphi 的债主可能会密切盯着你。如果给一个充满不良信用风险的脸谱网好友"点赞"，你也会受到特殊关注。换句话说，Delphi 从社交网站上收集数据，使用一种"行为评分算法"将你与其他千万个借贷者进行比较，然后对你的还债可能性进行评分。远不止这一领域，还有几十个行业都在应用同样的原理。

简而言之，随着分析海量数据的成本逐渐趋于零，企业和个人可以以前所未有的速度、精准度和深度挖掘我们的数字轨迹。所以呢？欢迎来到一个信誉评分的世界。

一切皆可被评分

计算机是非常"死心眼"的机器。一台计算机可以在几毫秒之内加总近乎无限的数字，但是它永远不会明白日出的美丽、孩子出生时的激动、取得胜利时的骄傲。这合情合理，因为至少在可预见的未来，计算机完全与数字打交道；毕竟，从本质上说，计算机代码不过是一堆二进制数字罢了。

记住了这一点，我们就不会惊讶于计算机只将你当成一系列数字：你上传的每一张照片、浏览的每一个网站、点击鼠标提供给计算机的每一条信息都简化为一个算法可以操纵的数字。它没有想要侮辱你，它只是没有别的办法来代表你——它的理解程度仅限于算术。

所以，理所当然的，计算机将依靠数字评分对输入的所有数据进行整理并使之有意义。毕竟，一台计算机不能像人类那样做出判断，但它可以计算出某个数字（比如一个信用评分）与另一个数字相比孰高孰低。对于你是一个好人还是坏人，计算机无法做出道德上的判断，但他可以将你汇报的慈善捐赠加总起来，减去你因逃税而遭到的拘留或罚款，数出你在脸谱网页面上欺骗撒谎的次数，然后给你一个"道德"数字评分作为结果。

既然现在计算机可以以极低的成本、轻轻松松地分析所有组成我们数字轨迹的数据——由于Hadoop及其他类似软件的存在——很快地，我们都将无可避免地得到数字评分，关乎任何人想要衡量的每一个特征。例如，如果一家零售商想知道你购买一个新款手提包的可能性，他们也许会让计算机计算你的"可支配收入"评分（基于你的财务状况和过往消费记录），也许还有"顾客忠诚度"评分和"时尚度"评分——每一个分数都是基于你的在线活动情况和受不同形式广告的影响程度。类似地，如果一家人寿保险公司想知道给你提供多少保额，可以根据你看医生的频率、办理的健身会员年限、每月给"芝士蛋糕工厂"贡献的信用卡金额，以及算法所知道的与你的健康和寿命相关的其他任何因素，很容易地给你一个"健康"评分。总之，任何公司——甚至任何个人——都可以给你分配几千个方面中任一方面的"信誉评分"（类似于信用评分），从你的社会责任感，到政治参与度，到作为朋友或爱人的可靠度。

信誉评分也许很可怕，但它不一定都是坏事。事实上，它是让海量数据集变得有意义的有效途径，这些数据可能包含了数万或数百万甚至更多的不同事件。就好比一场橄榄球赛最终由一个比分来代表，而不是由数百个不同的行动或成千上万个球员做出的决定来体现；信誉评分是一种简单、工整的方式，可以总结成千上万个个人偏好和决定。一个评分还能简单地总结你点击广告的类型以及点击频率，无须列出每一个你点过的广告和每一个你无视的广告（也许至今有无数个）。这种数字评分的魅力显而易见——快速、清晰，并让人们相信他们所做的决定是基于量化因素，不会带有人类判断中伴随偏见而来的乱七八糟的因素。问题是，正如橄榄球赛的最终比分也可能有误导性（比如，一场比赛从最终比分来看是场轻松的胜利，其实只因为获胜队伍在最后 5 分钟内两次侥幸触地得分），信誉评分同样可能会有误导——也许有人借了你的笔记本电脑，或者你点击广告是为了市场调查而不是为了购物，或者由于其他的 1 000 个因素中任何一个无法被计算机理解和处理的因素。

那么这样的信誉评分到底会变得多么普遍？它为什么重要？试想一下吧，"工作评分"将要无可避免地成为最先公开的评分类别之一。我们会在第 4 章对工作评分做更多讨论。大致的情况是，不久的将来，雇主和潜在雇主的计算机会分析数百甚至数千的数据点，然后得出评分，预测你之后作为员工的忠诚度和工作效率。如果这些分数不高，他们可能给你一个非常低的起薪，或者根本就不会录用你。同样的道理，如果被发现忠诚度过高，也许并不是好事：如果你的雇主认为你的工作效率排在前十位但是有极高的忠诚度，他可能会试图压低你的工资，或者拒绝给你升职机会，而想把机会给其他忠诚度不太高、更有可能离开公司（除非升职）的人。最可怕的部分在于，由于所有这些评分都是在背后进行的，你可能因为一个不良的评分而错失了加薪可能、工作机会或升职机会，但你对此一无所知。

有些公司已经推出了"顾客价值评分"，衡量你是否可能花钱购买任意产品，从奢侈品到打折商品，从工资日贷款到传统银行产品等。明尼苏达州圣克劳德市一家名为 eBureau 的公司命名自己的产品为"eScores"，声称可以对在线零售商的潜在顾客进行评分——通常在不到一秒内。eBureau 的数据涵盖有多广呢？该公司宣称可以获取"数千个数据库的数十亿个记录，几乎覆盖了全美国的成人和家庭"，并且"每月增长超 30 亿的新记录"，包括你的"互联网购物、目录产品购买、直销购买的历史记录"。有没有拨打过 1–800 开头的客户服务热线？会不会觉得像排在了迪士尼乐园最长队伍尾端一样（"您的预计等待时间：2 小时 55 分钟"）？有了 eBureau 这样的公司，零售商们就可以在接起服务电话以前，就预测了你会是个有购买力的目标顾客（马上接听你的电话）还是个潦倒的爱抱怨的顾客（欢迎进入等候队伍，但愿能等到有人愿意接听电话）。

类似地，数据公司很快要推出"信用评分"了；他们将通过信用评分决定你是否有资格参与社会分享服务，比如汽车分享、公寓分享等等。试想一下，有一种服务，让你在下飞机后可以在机场挑选一辆陌生人的汽车，其租赁价格是一般出租车价格的一半（还没有出租车的那股味道）。如果你有一个较高的信用评分——基于无可挑剔的信用卡记录、零事故的驾车记录、总是完整支付账单的记录，你对一个潜在出借人来说风险相对较低。但是，如果你有一个较低的信用评分，提供分享服务的企业或个人很可能给你开一个高价，或者根本不愿租车给你。

然后，保险公司、投资人、雇主等还会推出"健康评分"和"寿命评分"。Rigi Capital Partners 公司（一家以数据分析提供咨询的投资咨询公司）已经在使用一个可怕的评分系统，识别哪些潜在客户可能死得更早（即很快有资格享受人寿保险金）。然后它从那些客户手里买入他们的人寿保单。如果客户还活着，客户可以拿到现金；如果客户死了，Rigi Capital Partners 得到人寿保险金。为了预测（着实令人毛骨悚然）哪些客户会更快身故，该公司的算法不仅查看典型的医疗数据，还查看脸谱网上的照片和发表的信息，找出客户生命力旺盛的迹象，或缺乏活力的迹象。如果客户的脸谱网页面表明他社交活跃、活力四射——观看摇滚演出、滑雪旅行之类——Rigi 显然不太可能投资他，因为他们相信社交活跃的人更有可能活得久些（这样的话 Rigi 不会很快得到他们的人寿保险金）。

还有一些公司想根据人们的习惯来识别生病可能，然后将信息卖给医疗公司。他们公开声称这样做只是为了给临床试验找到适宜人群，但是私下里这些数据还有什么别的用处就不得而知了。我们知道的是蓝筹营销公司（Blue-Chip Marketing）利用人们的付费有线电视和速食消费数据，为一项肥胖症研究寻找精准目标人群；一家名为 Acurian 的公司从爵士乐、养猫、参与抽奖这样的爱好相关数据中找出病人，用于关节炎研究。这些公司承认他们基于这些数据致电病人，询问其是否愿意加入到一项肥胖症研究（或关节炎研究）。

类似地，保险公司和雇主们还利用脸谱网上的信息，验证不实的员工补偿申请。例如，阿肯色州一位男子被拒绝给予补偿，因为在他声称有背部伤痛身体虚弱之后，仍在饮酒、参加派对的照片被发现了。加利福尼亚州一位女子被判员工补偿欺诈，因为在她声称自己手腕受伤无法在工作中打字之后，却被发现在脸谱网上面发表了 200 多条言论。

当然，在数据还能够自动进行处理并串联数百万记录的情况下，这样的评分更吓人了。例如，保险公司 Allfinanz 和 TCP LifeSystem 试图在提供保单之前对各种细节数据进行分析，自动预测你的寿命。这些数据详细到包括你是通过 ATM 支付账单还是通过支票支付（显然，ATM 使用者比支票使用者活得更长久；没人知道为什么）。随着可用数据量的增长，越来越多的评分类型会出现——越来越多的公司会例行公务一样地基于评分来批准或拒绝利益给予。

信誉评分 2.0 版本

要想简单地了解计算机评分已精妙到何种程度的一种办法是，将早期的搜索引擎与现在的谷歌、必应及其他当前搜索引擎使用的复杂算法做个比较。我们都知道当我们在谷歌搜索栏输入关键字，比如"信誉经济"，谷歌就会给互联网上所有包含"信誉经济"的页面计算一个分数。分数高的页面展示在搜索结果的前面，分数低的页面展示在后面。

重点在于，评分并不仅仅基于客观事实，还基于计算机如何计算、加权这些事实。每个事实的权重就跟事实本身一样重要。

例如，20 世纪 90 年代，AltaVista（全球最知名搜索引擎公司之一）这样的早期搜索引擎仅仅将某个网页上的关键字的出现次数进行加总，然后以此给该网页一个质量评分。比如搜索"信誉经济"的时候，频繁重复"信誉经济"这个词的页面会得到一个高的评分，于是它就会出现在搜索结果的最前面一条。这显然会造成"搜索引擎垃圾"问题：页面所有者仅在屏幕下方不断地重复某个关键字，就有可能误导搜索引擎（它并不是多么有效的办法，而且今天来说毫无用处，但有很多人在尝试这么做）。这种加权事实的方式诱发了很多不良行为，却没能让好的内容受益。

但是，1996 年，当斯坦福大学的两位博士研究生谢尔盖·布林和拉里·佩奇创建了新的网页评分方式，评分规则永远地改变了。他们的算法（后来成为最初的谷歌搜索引擎）不是简单地数出关键字出现的次数，而是有效地计算出指向网页的链接次数，作为网页重要性的"投票数"。比如，如果有 100 个网页（在当时看来很多了）都链接到 IBM.com 的首页，那么这个首页可能得到 100 分，然后列入"网页评级"的前十位。然后当有人搜索"IBM"时，算法会同时考虑 IBM.com 首页的受欢迎度以及那个页面使用了多少次"IBM"。布林和佩奇在斯坦福大学的一间宿舍里建立了一个测试系统，最初使用的域名是"Google.stanford.edu"，后来获得了我们所熟悉的域名"Google.com"。数月后，他们意识到了这个系统的强大之处，并成立了谷歌公司。

多年来，谷歌评分规则已经发展到包含了许多其他因素和数据点。今天的评分系统的细节被严格保密，重点是每一个评分都基于一整套纷繁复杂但瞬间完成的数学计算：有多少其他网站链接到这个页面？点击这个结果的用户的比例是多少？这个网站的域名带有".edu"还是".com"？还有数不胜数的其他计算。计算机无须凭直觉或任何情感来判断网站是否可信、可靠或与搜索问题相关，它只要遵从人们给它设好的规则就可以了。

如同谷歌发现了如何利用海量搜索数据对网页进行评分，有的公司发现了如何利用海量个人数据对个人、商户、关系等进行评分。商户点评网站Yelp.com就是这类信誉评分规则的"1.0版本"。Yelp让餐馆、商店、酒店及其他几乎任意行业的顾客提交评论，给予1到5的星级评分。然后网站的算法记录这些评分，汇总它们，根据一些因素（比如计算机是否认为某个特定评论是捏造的或付费找人写的）进行加权，然后展现一个总的评分。当然，Yelp（及其同行）会很快地进入"2.0版本"：完全个性化的评分。评分不仅基于被点评对象本身的特征（即星级评分），还考虑点评人的特征。换句话说，你看到的评分会跟你自身的偏好相匹配。

类似的演变过程还会发生在Klout这样的公司身上。Klout通过数学方法分析用户在Twitter、Facebook这类社交网站上的参与度等因素来衡量人们的影响力。当前处在"评分1.0版本"——每个人看到的评分一样。所以不难想象，像贾斯汀·比伯（Justin Bieber）这样的流行偶像可能评分非常高（他甚至一度打败奥巴马总统，居 Klout 评分榜首）。但如果你不是比伯的狂热粉丝，且你的好友们都不是呢？在"评分 2.0 版本"的世界里，当你登录你的 Klout 账号，那些给你自己的好友们带来特定影响的人——也许是政治家、商业领袖、运动员或某个完全不同领域——他们的评分都比比伯的评分高。

换句话说，你在与你有关的人群中的受欢迎程度和影响力将被评分。不同于老式的"一刀切"模式，未来会评价同类人群中的你：你是 ABC 公司（美国广播公司）最有影响力、最受欢迎的市场总监吗？你是附近物流仓库管理人中的领头人吗？你是同行公司要以超高待遇聘请的那个最优秀的人选吗？这些问题（这不是愚蠢的全球最受欢迎人物竞选比赛）将成为信誉评分的未来。

那么，要想利用这种个性化评分为你带来价值，应该怎么做？首先，了解你的市场。想想哪些人是你想要扩散自己影响力的对象，果断地将他们作为树立公共形象的目标吧。如果觉得这么做听起来不厚道，那么想一想，那些最优秀的领导人中，有些人就是通过精心塑造的公众形象而被众人所知的（如果理查德·布兰森没有有意塑造特立独行的生活态度，他是什么形象？如果霍华德·舒尔茨没有那么多社会评论，他又是什么形象？）。所以不要说些毫无意义的私人观点，而要发布一些计算机可以识别的有价值的洞察，与你想要让圈子里的重要人物看到的形象保持一致。

你的好友也会被评分

诗人约翰·邓恩说过，没有人是一座孤岛。也许这句话最初指的是人类需要他人的陪伴，但用它来形容下一个版本的信誉评分再适合不过了。近在咫尺的信誉经济里，在申请工作、办理贷款、购买健康保险时不仅你自身的行为被评估，你的好友、同伴、同事都将被评估。跟"对"的人在一起，你的评分更高；若算法认为你的好友对你产生了不好的影响，那么有些好处和机会就不会提供给你了。

从事信誉评分的公司可不是真的疯了才会把同伴们的影响也考虑进去。事实上，研究发现，你的好友能够深深地影响你做的每一件事，从你的消费行为到政治倾向，甚至健康状况。弗雷明汉心脏研究（Framingham Heart Study）对马萨诸塞州弗雷明汉镇5 000多住户30年来的健康记录进行了分析，其中一项惊人的发现是，研究对象中如果有一个人变得过度肥胖，那么他的好友也变肥胖的概率会加倍。该研究不仅为社区健康干预提供部分依据，同样还被保险产品服务者加以利用：如果有选择机会，没有一家人寿保险公司会将一份高级保单卖给一个其好友刚刚增重50 磅的人。

其他研究相对地仍处于初级阶段，但早前有结果表示，像拖欠贷款这样的不可取行为可能有类似的传染性。毕竟，朋友之间往往有相似的价值观、消费偏好、消费习惯等等，理解这一点不是什么难事。在大分析世界，我们也有理由认为，数据科学家们会发现其他方法，基于我们的好友、同伴的过往行为来预测我们的未来行为。

更恐怖的是，随着信誉经济的发展，这些信誉评分将不再是私人财产或编制评分的公司的独有范围；很快它们会公开给每一个人，让每一个人都能搜索到。实际上，所有这些趋势自然发展到极致便是一个"信誉引擎"，类似于搜索引擎。不同的是，前者不是就某个特定话题搜索含有相关信息的网页，而是搜索含有个人信息的海量数据库，然后返回某个人的所有相关信息——或者找出符合一系列标准的某个人。正如搜索引擎是 21 世纪前 10 年的趋势，信誉引擎会是下个 10 年的趋势。事实上，初期的信誉引擎已经存在了。例如，如果在 Spokeo.com 上面搜索一个人，除了基本信息外，网站还会展示此人的"财富评分"。任何人都可以在仅存在了一段时间的 Honestly.com 上面搜索关于人们工作业绩的匿名评论汇总。Newsle.com 聚合了关于脸谱网好友的新闻，将其发布在网站上，还会作为简报自动发送到订阅者的邮箱。（每一次你的任何一个脸谱网好友出现在"现实"新闻中，你都想知道吗？不论好坏，很容易。）Klout和Kred（衡量人们互联网信誉的一项服务）对人们的社交媒体影响力进行评分，把这些Newsle.com评分向所有人公开。

下一代的信誉引擎会走得更远，它将所有这些信息聚合到一个操作简便的平台。我们开玩笑地称它为"我知道你去年夏天做了什么"引擎——还是一个假设中的网站，任何人都可以登录它并看到好友们（以及迷恋对象、前男/女友等等）在网上的所有行为。这个构想的部分片段已经浮出水面：Face.com可以让你搜索到好友们未加标签的照片，不过后来脸谱网把它买了下来并关停了服务；初创公司Ark.com宣传自己可以将不同社交网站以及公开搜索中提取的信息进行聚合，让你"发现你的联系人的一切"；Spokeo.com一直以来都是一个提供政府记录和庞大地址数据库的公众平台。现在唯一缺的是一个将所有这些概念汇聚到一处的网站——尽可放心，很快就会实现了。人类渴望交换八卦、随时了解内情的特性将确保这一切终成一个肮脏的现实。

虽然你完全有理由不想让所做的每一件事形成某个永远萦绕着你的分数，但是不要枉费周折地试图完全避免它，在网上没有什么途径可以让你置身事外。不要觉得尽量"隐藏"你在脸谱网上面的照片和发言就可以了。未来的信誉引擎不会有一个"自愿退出"的轻松机制，不论喜欢与否我们都将参与其中。就算你没有脸谱网账户，你的朋友会有；任何与你有关的发布——甚至那些没有把你标注出来的照片——都是信誉评分捕捉的对象（记得吗，脸谱网买下了脸部识别公司Face.com）。即使删除了你的浏览历史，安全地进行所有购买行为，你的电子交易记录和网页浏览历史仍会被记录和分析。确实，有些办法可以让被收集的数据量减少——你可以选择删掉一些网上追踪足迹，可以在浏览器设置"请勿追踪"功能——但是这些办法并非万无一失。所以不要被骗了，不要错误地认为只要采取了这些措施就安全了。

事实上，有意删除一些网上历史（比如删除脸谱网账号或推特账号）反而可能被当成负面信号，还可能拉低你在信任度、信用方面的评分。首先，越来越多的公司——像Airbnb（空中食宿）和Nexon（网上游戏）——会查找你的脸谱网账号来验证你的身份；如果他们发现账号为空，就会认为你是一个骗子或复制党，从而可能拒绝你登录。还有其他公司——尤其越来越多的公司依赖于社会信任（比如点对点汽车租赁和房屋分享）——不仅利用脸谱网或领英账号随意验证你的身份，还会在你有不良行为的情况下制造间接威胁，破坏你的信誉（比如，在你的信息墙发言说你把房东的公寓弄得像垃圾场）。同理，即使不想发布每天的流水账，拥有一个长期的推特账户也能够在算法想要发掘你的在线历史的时候提供信息。

另外，计算机不喜欢不确定性，如果你的网上痕迹缺失了其他大部分人都有的数据，被编写好的评分算法可能会得出一些推论：这一块数据是为了消灭一些不好的信息而蓄意删除的吗？比如破产、长期失业，或者更糟的事？只要你的专业领域的大部分人一直都在使用脸谱网、领英、网页邮箱或其他服务，任何没有使用这些服务的人就会被揪出来——可能还出于错误的理由。举个例子：一家德国报纸报道说近期有两个杀人狂退出了社交网络生活，并建议说每一个避免使用脸谱网和其他在线工具的人都可疑。是的，这种推论并不公平，但这就是不论你喜欢与否都可能得出的推论。

随着脸部识别技术、拍照扫描技术以及其他不可能避免的技术的发展（遮挡牌照通常是不合法的；也别尝试蒙着脸走进银行，除非是宗教原因），我们可以认为，你在线上或线下所做的一切都会被存储和评分。

所以，不要尝试把负面信息藏起来不让计算机和评分算法发现，最好的策略是小心地打理你的数字痕迹，让正面信息与你无法控制的负面信息抗衡，使后者黯然失色。幸好，你可以应用一些技术、技巧来推升正面信息，提高你的分数。

首先，要知道，你的评分人毕竟是计算机，所以任何将要被记录和存储的关于你的正面信息都应是计算机能明白的，这一点很重要。如果信息不能被量化或评分，计算机就无法计数。这并不表示你所做的事情都必须是个数字；计算机正变得越来越善于从文字内容中找出意义。但这确实意味着，越具体、越易于量化的成果［像毕业时 GPA（美国四分制考试成绩的计算方法）得了 4.0、公司销售额在你的地区增长了 5%、人员流动率降低了 20%、给 10 家慈善机构捐过款］对计算机来说越有信服力，从而更有可能提高你的信誉评分。而那些不易被量化或验证的行为（比如修了一门不计学分的课程、在公司内建立归属感、帮助另一个部门的新员工提高了销售成绩、给流浪汉一些零钱），尽管从长远看也许更重要，但不易提高你的信誉评分。

要明确的是，我们不是在提倡放弃重要目标专注于短期自我推销；如果在员工间建立归属感对你的公司发展很重要，那么你应该这么做。重点只在于，不仅要让计算机读到无形的行为，更要让它读到具体的成果，确保这些成果以数字化、可搜索、可存储的形式存在。比如，光是一张和获胜队伍的合照是没有用的，除非将你的名字和团队成就一起放到标题中。通过认真管理和强调正面信息——工作中获得的成功、朋友间取得的信任、积极向上的社交生活等等——可以让你喜欢的信息充满计算机和评分系统。这不意味着你应该上脸谱网吹嘘每一次健身过程、每一个成功记录——而且老实说，没人会在意你 7 分钟跑 1 英里（约 1.61 千米）、这个月第十七次去 CrossFit（全面健身）健身室（或做了多少波比操），也没人关心你是否完成了 TPS（技术问题摘要）报告。但是一系列稳定的健康的社交活动记录、照片和正面评论建立了计算机正在寻找的信息。

同理，要避免将负面内容放到网上——这一点很明显。在脸谱网上（或者更糟，你的全公开博客上）发言也许是宣泄被开除、被甩之类情绪的好方法，但也永久地留下了这件事以及你对这件事情的反应的记录。至少，要让这些言论保持安全，设置尽可能高的保密程度，只有好友可以看到。或者，更好的办法是，拿起电话打给你的朋友；截至目前，还没有发现有哪家私人数据公司在窃听电话内容。

职业方面，要在领英和类似的职业社交网站上落户，在上面稳定地更新一系列项目和职责。不需要太多，大多数工作是不需要每周或每月更新的。但如果有了里程碑式的进展，就值得更新。同样，在极其公开化的网站上，像推特或其他社交网站或共享服务，至少要努力地关联或关注一些在你业内有影响力的人；最好是跟公司的各个领导们都彼此关注，并且显示你跟所在领域的重要人物有共同的话题兴趣点——比如，对彼此的博客进行评论，或互相转发推特。如果在工作中成就了某件大事，发微博吧。最好保持谦虚的态度，将成就归功于同事们的辛勤劳动：这样做让你看起来是懂得欣赏他人的人，而且它仍旧说明你与取得的成就有关联。

事实上，让同事们看起来更好（比如，通过公开称赞他们在一项团队成就上的贡献）也会让你的评分提高。而且，如果你建立了一种公开相互赏识的文化，同事们更有可能会回报你，会同样感谢你的付出。通过这种相互认可，形成一个自我强化的循环。举一个小小的例子：很多领英用户发现，给予同伴和同事支持会带来大量的相互支持，根本无须暗示。通过各种发表反馈的平台（推特、领英、脸谱网、博客等），将这些相互间的认可汇集到一起，效果可以变得非常强大。

记住，还有许多有用的、社交上起积极作用的使用信誉引擎的方法——试想你可以搜索一位保姆并非常自信地知道这个人是不是负责任的、可信任的；或者试想你在为自己的生意寻求贷款或投资时，可以知道某个潜在合作伙伴是不是有偿债能力、有准确判断力且在过往的交易中表现正直。所以，如果可以的话，要努力尝试利用别人的信誉信息，使之对自己有利。

总而言之，信誉评分就像硬币的两面：评分好，机会将奔涌而来；评分差，机会之门就会关上。在接下来的几章，我们将讨论更具体的方法，让你在这个关于你的一切都被记录、分析和存储的世界里变得信誉富有。

<<<<<<<<<<<<<<<<

第 4 章

如何打败计算机？

要永远相信信誉在职业道路上的力量

>>>>>>>>>>>>>>>

声誉对我们的职业生涯有如此强有力的效应，它可以让无名小卒几乎在一夜之间成为真正的摇滚明星。2007 年 2 月，当时的阿内尔·皮内达（Arnel Pineda）是菲律宾马尼拉的一名三流歌手。之前两年他一直居无定所，后来在当地多个乐队做过歌手，大部分时间在菲律宾演出，偶尔会在不远的香港演出。成为当地乐队 Zoo 的一员之后他稳定了下来，但还算不上商业成功。Zoo 在马尼拉的 Bagaberde（容纳 300 人）和马卡蒂的硬石餐厅（容纳 500 人）等酒吧和餐厅演出，他们还出了一张一点都不成功的同名专辑。

到 2008 年 2 月，皮内达的人生改变了。那个月，他作为美国摇滚乐队 Journey 的新主唱，开始了一次世界巡回演唱会，演出场场爆满。他随Journey乐队一起的首秀是在智利的一个音乐节上（观众2万人），很快又在全美国开展露天巡演，每一场都座无虚席。到了2008年末，皮内达演出了57场，面向10万多粉丝。2009年初，巡演还回到了马尼拉；在那里，在家乡粉丝的热情欢迎下，Journey乐队和皮内达在亚洲演唱会场地中心（Mall of Asia Concert Grounds）面向3万粉丝的现场录制了一张现场专辑。

皮内达是如何从菲律宾当地酒吧歌手，一跃成为被《今日美国》称为"美国史上最佳摇滚乐队第五名"的乐队［其名作《Don't stop believing》（一定要相信）是iTunes（苹果官方音乐软件）史上经典摇滚歌曲下载量第一名，下载量超200万次］的领唱呢？简单来说，是一种基本式的数字声誉。

2006年和2007年，皮内达（在一个乐队成员的帮助下）在YouTube上面上传了他自己翻唱的来自乐队Aerosmith（史密斯飞船乐队）、Air Supply（空中补给合唱团）、the Eagles（老鹰乐队）、Kenny Loggins（肯尼罗根斯）以及Journey（旅行）等的经典摇滚歌曲。他的翻唱版本并没有像"病毒"（即几乎一夜之间获得上百万的点击量）一般扩散；与2012年《江南Style》（江南风）的网络疯传不同，皮内达的视频没有破百万点击，而是吸引了几千人点击。但是他的听众都被感动了：很多人"顶"它，并从一个视频看到另一个视频。比如，看过他翻唱的Journey乐队的民

谣《Faithfully》（忠实）的浏览者，只要有 1 票"踩"对应就有
70 多票"顶"。

　　YouTube 的计算机自动排名系统将这些"顶"的票数和浏览
者的忠诚度作为视频质量的保证。当然，计算机并不知道皮内
达是谁，更不知道他是不是一个好歌手；它只知道数千个用户
点击了皮内达的歌并且喜欢它们。对系统来说，这意味着"高
质量"；算法得到了信号，将这些受到高度支持的视频放到搜索
结果的靠前位置，从而吸引新一波无意发现该视频的浏览者去
点击，并"顶"了最好的视频。日积月累，皮内达的视频开始
在搜索"Faithfully 翻唱""Journey 翻唱"这类的搜索结果中越
来越靠前。

　　当然，呈现在 YouTube 搜索结果的最前面不能保证一夜成
名；如果那样的话，数千只带激光圈的猫咪都可以主持它们自己
的电视秀了。皮内达需要的是一次非同一般的搜索，才能迎来光
辉时刻。

　　2007 年年中，Journey 乐队始终如一的成员——吉他手
尼尔·舍恩正在为乐队寻找新的主唱。乐队最初的主唱史蒂
夫·佩里多年前就单飞了。后来换上的主唱史蒂夫·奥格里因
为一次生病治疗毁坏了嗓子而退出。然后乐队找了杰夫·斯科
特·索托，但是很快他也以不明原因退出。20 世纪 80 年代盛行
怀旧风，但是乐队没有主唱，无法进行巡演。

　　既然传统的找寻办法失败了，尼尔·舍恩开始尝试在YouTube上搜寻有潜力的人以填补空缺。当时舍恩具体输入的是哪个关键字已经不得而知，但不管是什么，皮内达和Zoo乐队翻唱Journey的《Faithfully》的视频展现在了搜索结果页面的靠前位置。

　　舍恩从来没有听说过Zoo或皮内达，但是他被他所听到的演唱打动了：尽管在他发现皮内达的视频时已是深夜，他马上打电话给Journey乐队的键盘手乔纳森·凯恩，告诉他，他找到了"要找的人"：舍恩让凯恩去看一看《Faithfully》的视频。"马上，去看电脑！快去！"舍恩说，"看了一遍又一遍视频后，我不得不离开电脑，好好领会我所听到的，因为它太好听了，像在做梦。我想'他怎么能唱得这么好'，确实很好，他就是我要找的人。"

　　然后，舍恩给皮内达发了邮件，问他是否有兴趣参加试唱，以决定能否与Journey同台。一封邮件自称来自尼尔·舍恩（甚至让你考虑加入Journey乐队）？在这一行摸爬滚打多年的皮内达觉得那应该是恶作剧，差点就没有回复。但是皮内达最终还是回复了，几天后他就登上了去往加利福尼亚的飞机。YouTube上的无名小卒真的得到传奇摇滚乐队的面试邀请？不只皮内达本人表示怀疑，当皮内达申请签证的时候美国移民局一开始也觉得这件事不大可能，以至于皮内达不得不演唱了一首Journey的热门歌曲《Wheel in the Sky》（天空之轮）来说服移民局工作人员——他真的是去加利福尼亚进行加入Journey乐队的试唱的。显然，他的演唱有足够的说服力；他拿到了去往美国的签证。

皮内达在加利福尼亚州马林县进行了两天的试唱，然后得到了作为Journey新主唱参加巡回演出的机会。后面的故事正是《音乐背后》（Behind the Music）纪录片的素材：百万美元、舞台巡演、尖叫的粉丝、乐队迷，以及作为摇滚明星随之而来的所有一切。

随着信誉经济的成熟，数字信誉会深深地改变天才被发掘的方式。不仅是摇滚明星，计算机辅助的信誉筛选正迅速改变员工招募、雇用、升职、降职、解雇的方式。前面的章节已经介绍了为什么数字信誉会变成抹不去的、强大的、永久存在的全球势力。这一章将讲述信誉——尤其是那种可以被数字化、被计算机用以对人类做出各种决定的信誉——如何影响几乎每一个人的职业轨迹，并讨论如何优化你的数字轨迹来提升你的职业前景。

计算机做决定

随着计算机变得日渐强大，而且关于个人信誉的数字信息变得更加丰富，原本由人类做出的重大决定越来越多地由计算机做出，涉及了雇用、解雇、升职、处罚等领域。我们把这种趋势叫作"计算机做决定"（decisions almost made by machine，DAMM）。这个词至少抓住了核心思想：计算机在最少的人类监管下承担决策制定。随着信誉经济的成熟，越来越重要的问题都将很大程度上委托给计算机（不论它是否有故障）做决定，我们的大部分社交活动也将越来越多地由计算机指导，很少需要或不需要求助于人类的常识。

DAMM发展后，人类角色不会完全脱离决策制定。毕竟，我们说的是"'几乎'由机器做出决定"。有时候人类也需要参与其中，但只在整个过程的最后一步——比如对雇用哪个候选人或解雇哪个员工——做出最终决定。计算机预选出哪些候选人值得考虑，或在候选人的职业道路上将其轻轻往前（后）推，从而为人们塑造好结论。

以Journey乐队为例。没错，是尼尔·舍恩最终决定了邀请阿内尔·皮内达到加利福尼亚进行现场试唱，是整个乐队决定了邀请皮内达加入他们的巡演。但是，将皮内达摆在机会面前的是一种DAMM的形式：当尼尔·舍恩在YouTube上搜索的时候，YouTube的服务器对几千个Journey的歌的翻唱版本进行筛选，然后将皮内达的歌放在了相关搜索结果的第一页。YouTube系统通过将皮内达的版本排在了几百个其他潜在候选版本的前面，极大地影响了舍恩的最终决定。事实上，舍恩不太可能翻过前面的几页搜索结果去看后面的；假如YouTube系统以其他的顺序展示搜索结果（或仅以随机顺序），舍恩也许根本看不到皮内达翻唱的那令人难以忘怀的《Faithfully》，皮内达也许仍在马尼拉的酒吧和俱乐部驻唱。或者，如果YouTube使用的是另一种不同的算法，Journey可能有了首位女主唱，又或者舍恩未曾找到好的人选，最终沮丧地放弃。不管哪一种结果，计算机就跟舍恩一样控制着整个过程，帮助皮内达跻身世界摇滚舞台。这个例子完美地说明了"计算机做决定的力量"。

在这一章我们将看到，如果你有一个好信誉，有些时候"计算机做决定"会给你的职业生涯带来突破，另一些时候它像一阵微风一样稳稳推动着你朝希望的方向前进。但是，如果你有一个坏信誉，"计算机做决定"就像一阵猛烈的逆风将你推到目标之外。无论如何，随着信誉经济的持续发展，"计算机做决定"和数字信誉对你的职业道路的影响会越来越大。一旦对它的运作有所了解，你将学会如何利用它来推动自己的职业发展。

向前一步

信誉对职业生涯的影响力不可能被高估，尤其在一个几乎由电脑做决定的世界。信誉开始对个人产生影响的最有力、最直接的途径之一是招聘过程：如今，计算机驱动的筛选过程极大地决定着哪些候选人得到哪些工作。原因不难理解。

计算机呈现了一个有吸引力的（甚至极具诱惑力的）途径来解除雇用决策中的痛苦。招聘经理和招聘专员既慢又贵，而计算机每秒钟就可以分析数千个决策，不需要休息，永不厌烦，也不要求每周支付薪水。出于善意的机构和企业已经将成千上万个原本由人类完成的决策委托给计算机处理；而且所有证据显示，这一趋势会持续下去，因为计算机会继续变得越来越便宜，越来越无处不在。

许多职位收到的申请数量之多使得计算机处理成为必要手段。比如Mars One（火星一号），它是一家非营利机构，致力于为"首次单程载人登陆火星计划"募资。它收到了20多万份工作申请，为了应聘宇航员去进行一项可能永远都实现不了的计划（该机构离估算的60亿美元总花费还差57亿）。即使一个审核员在每份申请上只花费5分钟，他也要花费9年全职时间来处理所有这些申请。就私人机构的标准来说这还算小数目；沃尔玛每年收到500万份职位申请。计算机自动筛选对雇主还有另外一个吸引力。除了改进招聘流程和提升招聘速度，它还有助于减少甚至消除招聘过程中的偏见因素，光这一点就能为公司节约数百万美元的潜在诉讼案件花费和潜在律师费用。

歧视问题在招聘过程中太普遍了；它甚至还引起了研究学者们的极大关注。2001年，来自芝加哥大学和麻省理工学院的两位学者着手对大型美国公司的招聘行为进行测试。他们尝试了一个简单的实验：对 1 300 个真实招聘广告，他们发出了 5 000 多份伪造的简历。其中一半的简历，他们写的是据统计在白人家庭中更常见的名字（比如埃米莉·沃尔什），另外一半采用的是黑人家庭中更常用的名字（比如拉凯莎·华盛顿）。除了名字不同以外，他们的简历具有同等的工作经历和技能水平。研究结果成了就业歧视现象的部分依据：尽管这些公司都承诺过招聘过程中种族平等，但在同一段时间内，"白人"简历有 9.65% 收到了电话回复，而"黑人"简历只有 6.45% 收到了电话回复。

计算机自动化是非常诱人的技术，它可以使简历筛选过程脱离人类干预，从而首先解决歧视问题。除非有人告诉计算机，否则它就不知道"埃米莉·沃尔什"和"拉凯莎·华盛顿"有什么不同之处。所以，很多大公司已经实现了自动化的第一步：工作申请由计算机自动扫描，搜索一些基本要求，比如具有大学学位或同等学力、至少列出一份既往工作等。最终的招聘决定也许仍由人类做出，但是成千上万的简历在人类看到它们以前已经被剔除了。如果你的简历在计算机自动剔除之列，不管你本人其实多么让人印象深刻，都没有用；你永远没有机会去建立第一印象。

成功的候选人会以计算机能够轻易识别和归类其成就的方式，来准备简历和申请材料，从而打败计算机筛选系统。我们在这章以及下一章要讨论聪明候选人正在采用的技巧，不仅是敲门砖：它们是"计算机做决定"的世界里任何工作申请的基石。你的目标是确保计算机——它没有识别间接信息的能力——可以轻松地确定：你的申请材料至少展示了这份工作的基本要求；你的申请材料展示了雇主的计算机算法正在寻找的特征。

这种趋势正如火如荼地展开。S2Verify这样的公司向雇主们提供简历分类服务：基于雇主提供的一系列关键词，将收到的成千上万份简历自动分类为"符合要求"或"不合要求"。这些关键词可能很简单，诸如验证简历上的"学院"（College）或"大学"（University）（很遗憾，伦敦经济学院的毕业生们）；可能很复杂，诸如筛选出连招聘广告本身都没有出现过的某项特殊技能（想找一份早教工作？最好列出语言发展技能，即使未被要求）。如果说原来的找工作的建议是在简历中尽可能使用一些行为动词（"领导"团队"改变"生产链……），新的找工作的建议是增加足够多的关键词，比如关于你的职能、职位、技术，确保连最差的计算机筛选程序都能挑出它们（领导"采购"团队改变供应链中的"采购、接收、配送"技术）。

这些关键词查找服务如何起作用呢？雇主将收到的所有简历发送给一家简历筛选服务公司，或者购买一种可以做同样事情的内部使用的软件。然后计算机算法基于雇主的要求寻找关键词。比如，计算机会扫描"至少两年'零售'（或'零售'的同义词）相关工作经验"。然后简历扫描公司发回一个合格简历的列表，招聘经理只需查看大约30份简历，而非3 000份。

从某种程度上说，这类服务跟处在第一线的招聘经理所做的事情差不多，他们也是基于最低工作经验要求，快速浏览大量的简历。但是，正如有所准备的候选人所发现的，针对计算机扫描服务来优化简历的过程，跟针对人类阅读者来优化简历的过程很不一样。计算机一板一眼地做事（至少目前是这样），它努力抓取信息间的微妙差别。如果一个招聘广告要求"CPA"（注册会计师），可想而知，有人就会将筛选软件编写成在简历中搜索"会计"这样的词。但是很遗憾，也许编码的人不知道可以搜寻不那么明显的关键词作为相关经验的信号，像"记账员"或"审计员"。包含"对"的关键词的简历会进入到下一个阶段，而其他的简历则被扔进垃圾桶，所以你应该尽可能在简历中增加同义词或相关术语，以便计算机系统可以找到你的简历。而且，不要太天真了：即使你知道用人经理和你一样都是毕业于斯坦福大学，也不要写成"the Farm"（斯坦福大学的昵称，旧金山湾区以外的人不太知道这个称谓），以免计算机把你当成牛仔而不是当成帕克十二联盟的毕业生（不要用"the U"代替所有迈阿密大学体育组织，不要用类似的其他任何内部昵称替代原名，因为它们可能为人类所熟知，但对计算机来说就是垃圾信息）。

　　有些简历筛选自动化服务还要高明，会将背景调查——比如犯罪记录、以前的雇主、信誉评分等——得来的基本信息加以整合。雇主们可以让他们的计算机筛选系统自动排除所有获释重犯，甚至排除那些省略了以前的雇用经历的人。有时候是通过对工作经历的核查，有时候是基于一份工作与下一份工作间的一长段空白间隔——所以如果你的简历上有一大段空白期，务必填补上，哪怕只是说明那段时间你是自由职业者。有些程序还能筛查出近期破产的人（一个颇有争议的筛查程序，像一些需要处理大量现金的职位通常会使用它）。

更先进的系统不仅查找代表一定技能要求和经验的关键词，还开始查找工作成就相关的信息。例如，许多工作中，你的职业发展比当前的职位更重要。所以聪明的算法开始区分一成不变的候选人和步步攀升的候选人。处在这些发达的系统中，把"邮件收发室"①写入简历是价值而非障碍，因为它表示你在积极向上发展（当然，除非你确实一直待在邮件收发室）。因此，当描述工作历史的时候，务必列出清晰的路径，即从很少的职责发展到越来越多的职责，让计算机系统可以从中拣出信息。而且务必要以量化的方式强调你的职业发展——不论是组织机构的规模、预算规模、直接报告的数量，或其他任何能为计算机所明白的客观衡量方式。

身在一个发展中的公司可能也比身在一个跌落中的公司更有利，尤其如果是你的部门或职位（像市场、销售、工程研发）相

---

① mail room，一般在邮件收发室的都是入门级别职位，但许多人都是从那里一步一步发展起来的。——译者注

对于其他部门或职位直接促成了公司的发展——强调那些独特经历。根据你的目标职位，个性化你的简历：如果应聘咨询职位，要强调你曾服务了多少不同的公司和行业；如果应聘的是一家员工平均任期超过 10 年的传统公司，那么强调你的稳定性及不太多的过往经历。

我们已经看到，"计算机做决定"有时表现得非常戏剧化：通过计算机辅助筛选，从海量信息中挑选出了备受瞩目的乐队伙伴。有时它可能平淡无奇：一大群入门级别的候选人经过计算机筛选缩小了范围。有时它可以驱动重要决策，再由人类做出最终决定：通过匹配关键词，将一份简历放到了一堆简历的顶端。但不管它如何实现，对于候选人的影响都会非常显著：基于计算机如何在成千上万人中排列你的位置，你或者得到了一个新的机会，或者失去了一个新的机会。

即便如此，在"计算机做决定"世界里，人类往往仍旧掌握最终决定权。一份除了满是关键词外一无是处的简历也许通过了自动筛选程序，但不可能通过人类的最终审核。就像垃圾邮件通常很容易被读信人识别出来，垃圾简历也很容易被简历浏览者识别出来。重点是，一份包含了重要内容却没有相关关键词的简历，很可能连给人类浏览者留下一个印象的机会都没有；哪怕某位候选人是最完美人选，很可能计算机筛选程序已经拒绝了他的简历。

如何打败计算机

皮内达的故事说明了在"计算机做决定"世界获得成功的三大原则。不管有意无意，他展示了一个人如何能够利用"计算机做决定"，登陆梦想的工作之地。

首先，皮内达为自己广撒网。他把视频放到YouTube上，那么全球的观众都是他的目标。在上传视频的时候他并不一定打算获得一份美国的工作——毕竟，他大部分时间都在菲律宾和香港演出——但是他还是尽可能地让自己的演唱作品面向更广的大众。这样，很多潜在雇主和合作伙伴都可以找到他，看到他的作品。

其次，鉴于他当前的工作，他以真诚、可靠、恰当的方式宣传自己：他发布了自己与乐队一起表演的视频，不仅推销了自己也推销了乐队。结果，他好像是乐队里最突出的明星，那只因为他"确实是"乐队的明星；他没有想要造假或伪装成另一个自己。

最后，当机会来敲门时，皮内达准备好了。皮内达极具天赋，但他也花了很多年时间练习演唱，并通过在菲律宾的酒吧圈内演出而积累了舞台经验。他之所以有机会会见Journey乐队，是因为其实他的一生都在为之做准备。当他意识到会面邀请是真的，而不是恶作剧，他放下手头的一切，飞到加利福尼亚。用另一位作者的话说，他准备好了做一只所谓的黑天鹅——那是他做梦也没想到的事情。他绝不可能事先知道 Journey 乐队会找他，也不知道何时能有难得的好机会，但是他让自己保持状态并推广自己，随时做好准备。倘若皮内达获得人们赞赏后停止了练习的话会有什么影响；从旧金山到马尼拉 24 小时的飞行似乎很长，那么设想如果皮内达因为自己的嗓子坏掉而错失了人生的这次机会，他不得不打道回府，这路程对他来说该有多长。在他开始上传视频到 YouTube 的时候，他并不知道自己会有去世界巡演的机会，但当惊喜来临的时候，他张开双臂接受了它。

微风一般的"计算机做决定"

数字信誉以及"计算机做决定"的影响力虽大，也不会每次都让人几乎在一夜之间变成摇滚明星。不过，恰当的信誉和"计算机做决定"也能给你稳定的（甚至强有力的）推动力，随着时间慢慢累积。就像背后有一阵温柔的微风，推动你朝着想去的方向前进。（坏信誉则起相反的作用。）

说实话，很少有人会得到一个百万美元的机会，随一个闻名世界的乐队巡回演出。同样地，很少有人会接到招聘人的电话，得到一个首席执行官职位。在信誉经济里，一个好信誉的力量大多是以汇聚了数百个小机会的形式体现的；准备最充分的求职者和寻求事业攀升者才能得到这些小机会。对那些能够优化自己的信誉来利用"计算机做决定"的人，会有当时看来很小甚至微不足道的机会呈现在他们眼前；那些会利用好每个小机会的人，将发现随之而来的是越来越大的机会。相应地，利用了这些大机会，一路可以创造出更大的机会，从而建立一个良性循环，推动着你朝目标前进。

举一个例子来说明一系列微小的推动如何能够累加起来——试想一下一家主流上市公司（像 IBM 或 Google）挑选首席执行官的过程。我们离"计算机单方面指派一家上市公司的下一位首席执行官"还有很长的路要走——事实上，在作者的有生之年都不太可能会发生。但"计算机做决定"的影响仍将是敲定首席执行官人选的一个重要因素。在首席执行官人选敲定之前，顶尖候选人（让我们假设她叫爱丽丝）已经为这个工作做准备：她被选出来参加培训、参与重要会议、在组织内给予管理层职位提升。相反，另一位潜在候选人（假设他叫鲍勃）被忽视了一次重要的管理人培训（于是又跳过了后面的脱岗培训和网络会议），所以他的简历对比之下显得不很完美。在这些情况下我们难以高估"计算机做决定"的力量；但即使不太可能让计算机做出最终选择选爱丽丝当首席执行官，在她被提名为候选人的时候，她已经幸运地被赐予了所有经历，这些经历加总起来就是一份完美的简历——真的，她是唯一人选。如果计算机可以选择哪个人享有内部培训和提升机会（计算机会这么做的），那么它几乎决定了要选择那个做好了下一步准备的人。

在狼多肉少的情况下，计算机如何从成千上万的初级和中级员工中选出爱丽丝？不禁让人想到《饥饿游戏》（*Hunger Game*）的模式，而现实中它正如消费者评分模型：计算机算法对比数千个变量，对人们做出预测。不同的是招聘评分模型不是研究消费者的特征〔比如，喜欢听 Nickelback（加拿大著名乐队）的人一般是好的顾客还是坏的顾客呢？〕，而是使用工作相关数据：谁准时上班并且较晚才走——但不是很晚（很晚可能代表绝望、有出轨可能或不会管理时间）？谁在总能取得成功的团队工作？谁的邮箱联系人反映了结交的都是企业高层朋友？谁的邮件开始了"激烈争论"并转移了办公室里的争吵？谁在工作中遵守大部分的规章制度（但不一定是所有规章制度——那样的人显得缺乏独立思考能力）？谁没有做过一些有跳槽迹象的事，比如经常浏览领英（除了销售岗位，可能有联系各类用户的需要）？

从某些程度上说，这种计算机导向的选择过程比传统的办公室政治要好。传统情况下，是否被选中取决于是否在对的时间（爱丽丝在公司有了足够的政治影响力的时候）跟从对的领导。但另一方面，计算机也可能存在缺陷；就这个例子来说，计算机在最终人们做出决策之前所做的准备就更利于爱丽丝，不利于鲍勃，也许一开始关于两个候选人中谁更适合的假设就是错误的。

在这种情况下，数字信誉可以随着时间积累起来。短期来说，计算机选择让爱丽丝（而不是鲍勃）参加了一次培训，对他们的事业来说只是很小的区别；最多带来一些小小的失望（即使鲍勃知道自己错失了机会）。但如果经过了一系列这样的选择，结果爱丽丝的简历就会与鲍勃的简历大相径庭，而一切皆因计算机的一系列小小的推动。当然，成为首席执行官、专业运动员、著名艺术家或成功企业家（几乎所有代表职业成功的头衔）的过程都需要将自身才能和随时间累积的各种小机会结合起来。

对外人而言，看起来都只不过是某些人正好总是在对的时间处于对的位置罢了。但现实是，处于对的时间和对的位置往往是基于多年努力建立和培养了一个信誉，还基于许多个小决定（越来越多地由计算机做出）最终汇成一个大机会。不管电影是如何让你相信的，现实中我们没有听说过教练会将某个"只在周末出来活动的人"从看台上拉下来参与到重大比赛中；同理，未经任何重要培训就将一个员工放到管理层职位的情况仍是非常罕见的。类似地，经验不足的管理人如果没有一些重要的经历和良好的运气，也不会被提升为首席执行官。皮内达从 YouTube 实现飞跃的故事是如此罕见，着实令人难忘（不过第 5 章我们将讨论自我修炼而成的名人，他们可以利用自己的声誉得到超出预期水平的工作，有时还伴随着巨额的奖金），但大多数"一夜成名"都是多年（甚至几十年）努力的结果。

从人群中脱颖而出

不要误会，我们不是要全面动摇"计算机做决定"。事实上，除了优化简历，还有很多可利用的办法让"计算机做决定"给你的职业道路带来益处。例如，现今企业越来越感叹，从大批应聘者中找出可用之才是多么困难。如果你曾经不得不为某个职位招聘人员，你就能明白这种经历：成千上万的简历，却没有一份简历的主人兼具合适的技能、经验和性格。因此，用人部门经理和招聘经理越来越主动地寻找和吸引优秀求职者。换句话说，不管你是否知情，可能有招聘人员正在为某个职位寻找合适人选，而那个职位（甚至可能没有发布任何招聘广告）正好就是你想要的。那么在"计算机做决定"的世界里，怎样做才能引起这些招聘者们的注意呢？

首先，成为一个"广播员"，将你的情况公布给全世界，让一直穿梭于互联网上找寻信息的信誉引擎可以捕捉到。我们不是在说你应该每隔 15 分钟发一条推特——尤其不要让一些无关紧要的事情泛滥成灾。你也不应在脸谱网上如狂轰滥炸一般发布大堆东西——坦白地说，你的隐私仍然值得保护，而且也没有理由让你的各种信息给好友造成困扰。但是通过发一些聪明的评论、分享有趣的文章、参与到圈中他人的机智文明的谈话中，你可以向全世界展示你是专业的，且掌握业内潮流趋势和里程碑事件的一手信息。哪怕只是跟有影响力的人、有想法的领导者有所关联，也可以给你的形象增添光彩——当然也会有助于其他人找到你。

其次，将你的数字"小招牌"挂起来。一旦你被人们找到，关于你的搜索结果就会被当成你的数字简历。事实上，本书作者没有写过正式简历就找到了工作，靠的仅仅是与他们有关的搜索结果——这样的情况不只发生在我们身上。鉴于数字搜索的持续性和实时性，你不费吹灰之力就处于持续的、不知不觉的求职模式中。

建立可更新的数字信誉，让它们贯穿你的所有在线"财产"。比如，买一个自己的域名，更新与自己有关的专业内容；建立一个行业相关的博客，频繁地发表一些近期的重大发展或趋势；让领英资料保持实时、完整；不论哪种的专业服务会在未来几年变得流行，都能及时随之做调整。你不必成为一个技术专家：这些任务中的每一个任务都有大量的软件服务与之对应。要确保你的内容是最新的，是定期更新的——不必每天更新，但是至少每月一次，最好至少每周一次。

你发布的东西不必每件都是艺术品——尤其如果大部分内容都只是为了让计算机看到你是否紧跟行业动态。哪怕只是发布一些你觉得有趣的文章的链接（也许加一句话或一段总结）就足够了，这说明你非常专注于你的领域且在阅读相关内容。如果说单纯发布链接是一个简单的解决之道,记得吗,博客服务平台汤博乐最初的成功就在于让许许多多的人可以非常容易地分享和转发他人创建的内容——数百万人进行了注册。汤博乐以其创新技术最终被雅虎以 11 亿美元收购(是的,"10 亿"级别)。

再次,务必让你的线上世界和线下世界保持一致。在理想的情形中,网上关于你的信息将与现实生活中的你一致。如果你在工作面试时吹嘘自己热爱古典文学,但是快速搜索后发现了你《五十度灰》同人小说的博客——那可就乱套了,或许还会惹人厌恶。更糟的是,你声称自己喜欢动物,却在网上发布烹饪小牛肉和鹅肝的菜谱。表里一致的信息会建立一个良性的不断强化的循环:你在线下所说的和他们在网上搜到的相符合,他们搜到的跟你所说的相符合。当它成为一个封闭式循环,人们更有可能以统一的步调来评论、支持你的内容,使得这一循环更加坚固。但不是说那些关于你的信息必须都是真事。抛弃干扰性的花边新闻,去除任何夸张言论,哪怕不是你放上去的。

谨慎使用社交媒体。如果你有社交媒体账号,清理它们并设置隐私。删除那些得罪人的、令人误解或让人恐慌的信息——或者至少将它们设置成"仅职场以外的亲密好友可见"。使用脸谱网和其他网站提供的相关工具去掉自己在照片中的"标签"——使用 Google Images(谷歌图片)这样的图片搜索服务,查看还有什么东西可能公开着。最重要的,如果你使用推特只是针对私人朋友，那么将其设为私人账号，再建立一个只包含职业相关内容的公开账号。那才是你希望雇主能够找到的账号，所以要频繁地、巧妙地、恭恭敬敬地在上面发布信息。如果对最近一期的《美国之声》有什么不满，把你的愤慨给好友看就够了。即便如此，还要以恰当的节奏在恰当的时间发布信息——如果你要发布的内容不是以工作为目的，就不要在工作时间发布，以免下一个潜在雇主问你为什么在工作时浪费时间。

写的内容要有条理，不过不要担心写得不够完美。你应该避免不必要的错误；为此你可以针对你的行业内的有趣新闻和事件写一些简短评论，而不是长篇大论。没有人愿意读一篇上万字的博客长文，脸谱网上的发布也要保持在不超过一条推文的长度。

表现出你在不断成长。如前面提到过的，许多雇主宁可见到一个展现了进步能力的更初级的求职者，也不要一个较资深但停滞不前的求职者。对很多雇主来说（不是对所有雇主——你不可能无所不能，那么为尽可能多的职位优化简历），雇用具有向上发展潜力的候选人将是一个聪明的投资，因为这个人也许能够日渐发展到更高的职位。写简历的时候，强调学到了哪些东西以及你这些年如何变得越来越专业。当然，如果你是一个比较资深的求职者，碰上那些声称会成为下一个热门服务的妄自尊大的雇主，除了说明近期的职业发展外，强调你的判断力、智慧和经验，将其作为无价资产。

归根结底，要智慧地展现自己——解释你独具的专长和对这个世界的价值。在生活中，你总是具有一些独特的有用之处——总有一天，有人正好需要它。即使表面上看你是公司里同样职位的一百个人中的一个，你仍有自己的背景和技能的独特组合可以利用。也许是"硬"技术，也许是一个背景，也许只是适应公司文化——你不仅是一个美术设计师，还是一个在竞争环境下主动工作、按时完成任务的美术设计师。确认这些独特之处，然后某个需要这些独特天赋和技能的人就会找到你。

记住，虽然大部分人不会因为"计算机做决定"而突然改变职业前景，但仅此并不意味着"计算机做决定"就不会影响他们。在信誉经济里，企业会越来越多地利用"计算机做决定"给无数职位寻找合适人选——从入门级别职位到可能的最高职位。而且，正如我们下一章要讲的，"计算机做决定"还可能有更强大的作用：它将决定内部提升和培训机会方面的决策，这些决策能够改变一个职业的航向——通过给某些人精选一些培训和提升的机会，对另一些人置之不理（他们甚至都不知道为什么）。

第 5 章

人才挖掘

找到你的机会

很多人都觉得，安迪·沃霍尔（Andy Warhol）不知从哪儿冒了出来，突然跻身流行艺术的舞台。事实上，沃霍尔用了数年时间建立自己的声誉，才得以获得成功。沃霍尔毕业于卡内基理工学院（现为卡内基·梅隆大学），获商业艺术学位。1949年，他凭着学位找到了一份普通的设计类工作——为《魅力》（Glamour）杂志的广告画插图。20世纪50年代初，他就这么领着一份薪水，过着跟其他商业艺术家们一样的生活。但不久后，他在鞋类广告中画的色彩鲜明的女鞋插画开始受到关注。1952年，他遇到了RCA唱片公司的艺术总监，就想以他在《魅力》杂志的工作经验谋一份工作。在进行了反复的绘画测试后，他终于得到了RCA唱片公司的一个职位——唱片插图和海报设计。

他开始在小型的美术馆展示自己的一些商业作品，继续在纽约艺术圈内建立自己的声誉。那时他已经是一个作品颇多的自我推销能手；他有意识地凭着每一个小小的作品，为自己带来越来越大的机会——再小的成就对他来说都是功成名就的开始。

沃霍尔在艺术界的首次走红是在 1962 年洛杉矶的首次个人艺术展上。他展出了著名的《金宝汤罐头》系列画作以及玛丽莲·梦露的画像。那次展出在艺术界有良好的口碑，但对沃霍尔来说并不算一次商业成功；他仅以每幅 100 美元的售价卖出了 6 幅《金宝汤罐头》。直到沃霍尔在纽约的几十个小型艺术展中发展了人脉，使得自己以六大先锋艺术家之一的身份受邀参加 1964 年的"美国超市"艺术展（The American Supermarket show），他的《金宝汤罐头》画作才得以被广大媒体看中。很快地，《金宝汤罐头》系列画作以每幅 1 500 美元的最初售价在"超市"展上卖出。到 2006 年，洛杉矶的艺术收藏家伊莱·布罗德（Eli Broad）以拍卖价 11 776 000 美元买下一幅；2010 年，佳士得拍卖公司以 23 882 500 美元卖出了一幅更大的，该画作上有浓汤罐头和一个开罐器。故事的重点是，正如大多数成功人士一样，沃霍尔并不是一夜成名。事实上，若不是他一直努力在艺术界建立自己的声誉且加以利用，他也不会在"美国超市"艺术展中有一席之地——正是那次难得的"一夜成名"机会，使他成为有史以来最著名、地位最高的流行艺术家之一。在前面几章，我们已经看到了信誉经济如何掌控人们被雇用或解雇的局势变迁。我们了解了在"计算机做决定"的作用下企业和公司如何变得比以往更快、更便宜、更容易地发现顶尖人才。非常值得肯定的一个结果是,对少数具有好信誉的雇员们来说——至少对懂得如何利用好信誉的雇员们来说,作为顶尖人才的回报事实上会增加。我们将在这一章告诉你如何成为这少数人中的一员。

6 位数的入职奖金

很少有雇员可以拿到一大笔的签约奖金,首席高管职位以外可以拿到大笔签约奖金的就更少了。但是,加利福尼亚和纽约的一些工程师们想出了办法"干预"自己的声誉,以此从谷歌、脸谱网、雅虎这样的主流科技公司获得 6 位数的入职奖金。他们的方法对我们所有人都很有启发。

聘用顶尖工程师和软件设计师的过程是近来用人市场上最低效的招聘流程之一。对雇主来说,一个工作能力在金字塔顶端的软件设计师或工程师可能值几百万美元,但是处于中等的工程师或设计师值不了那么多——实际上差得远了:一个写代码常常出错的程序员的失误发生在功能软件中的话也许反而给公司造成损失。企业面临的问题在于,很难从候选人中——尤其是毕业不久的大学应届生中——找出各自能力的区别。两个来自同一学校的具有相同 GPA 的学生，置于现实工作环境中后的表现可能大相径庭。坦白说，学校的成绩多少可以说明一些技能和能力，但考试大多与现实工作中遇到的挑战没有太多关系。

从一群大学毕业生中挑出最好的程序员很困难，从走不寻常路的毕业生中挑出最好的程序员更困难：用人部门经理很难将经历完全不同的候选人进行比较。比如，有的在军队服役而没去上大学，有的做学徒或兼职（而不是一个有偿职位），有的以编程为副业，还有很多其他的情况。由此类推，这些候选人想要被挖掘都困难，更别说获得一个自己期望的起薪水平了。

于是，形成了硅谷独有的招聘特色：让企业更容易地找到顶尖的工程师和软件设计师，同时也为这些待挖掘的工程师和设计师提供一个被理想公司录用的机会——还能拿到六位数的入职奖金。简单来说，由设计师组成的团队先创建了他们自己的小公司，一旦有数以万计的用户都使用它们公司的服务——多亏了这魔法一般令人炫目的高科技以及恰如其分的公关活动——创始人便去向主流科技公司（像谷歌、雅虎、微软以及任何其他炙手可热且有钱可烧的公司）展示自己的新产品。如果产品技术足够硬，创始人足够吸引眼球，那么所谓的"人才收购"交易将要产生了：科技大公司将买下初创小公司，创始人会加入大公司任职工程师或设计师，而他们原来的产品将在若干个月后被关停。（甚至还有一种倒贴的"人才收购"模式，即大公司买下一个行将倒闭的小公司，以挖掘出一个高质量的工程师团队——他们有很好的点子，但是投错了市场。试想一个优秀的割草机设计团队在阿拉斯加的诺姆市工作，或一个雪橇狗训练团队去了夏威夷工作。

举个例子，脸谱网发现自己需要设计师来推动用户页面的优化，于是它"人才收购"了 Drop.io——由萨姆·莱辛（Sam Lessin）这位极具潜质的年轻人才建立的初创公司。这个文件共享网站当时已经小有名气；它被《时代周刊》评为 2009 年度排名前 50 的网站，莱辛也入围了《商业周刊》2009 年度企业家。2009 年，该网站拥有数百万用户（虽然我们很难知道有多少不重复的用户，因为可以匿名使用网站）。2010 年 10 月 29 日，它被脸谱网以股票收购，价值在 500 万到 2 000 万美元之间（取决于在哪个时间计算）。但是到 2010 年 12 月 15 日，Drop.io 的服务功能被全部关停了。今天，域名 http://drop.io 只是指向了莱辛的私人网页（他在上面也提到了自己的新东家是脸谱网）。这样看来，脸谱网完全丢弃了初始的 Drop.io 产品，但保留了整个幕后的工程研发团队，把 Drop.io 公司的创立有效地变成了一次大型（且极其昂贵）的"工作面试"。（或许有些讽刺的是，尽管这次收购是非常公开的，莱辛却间接地触及了信誉这一话题——他的推特签名写着："信息的价值与它的公开程度是负相关的。"）

收购一个像 Drop.io 一样的网站，仅仅为了它的工程师们，这种现象在硅谷并不少见。类似地，2010 年 8 月，脸谱网以 1 000 万美元现金收购了 Hot Potato，同年年底也关停了 Hot Potato 的全部服务。2011 年 3 月，脸谱网还收购了 Beluga——收购金额没有公开（可能是一个不高于 5 000 万的价格）——而后于 2011 年 10 月关停了 Beluga 的服务。谷歌、雅虎以及其他一些公司都投入到了他们所谓的"人才收购"行列，收购的都是类似的初创公司；每一次他们都保留了关键人物，丢弃了关键人物创立的产品服务。

"人才收购"是信誉经济里吸引工程师人才的经典手段。在一次"人才收购"中，初创公司代表的不仅是实实在在的产业，更是一个作品集；如果一家初创公司有特别优秀的工程师和设计师，这一信誉就能让公司从一次"人才收购"中获利（有些情况下达数百万美元），而如果一家初创公司的工程师和设计师水平一般，恐怕得不到这样的利益。

当然，识别且招聘最有价值（从而高薪）的人才都是极具挑战的，不只对谷歌和微软这样的科技公司，对所有行业的企业来说都是如此。我们知道，几乎每家公司的各个职位都有一些绩效好的和绩效差的员工。但大多数企业的招聘流程都没有很好地识别哪些候选人会有好的表现，哪些不会。事实上，研究表明，传统的招聘方式（通常是凭直觉对简历做个评估，然后进行带个人感情色彩的面试）往往导致用人决策失误。一项研究显示，如果需要进行面对面面试，从两个候选人中选出一个，一群工商管理硕士（他们在所处的行业内将成为管理人）能够以 56% 的概率选出表现相对更好的候选人；如果他们仅是掷一枚硬币的话，几乎也能以同样的概率得到正确的选择，还可以省了面试环节。换句话说，我们的直觉在招聘过程中并不是那么好用。因此，很多的用人决策都靠运气——好的候选人常常被错误地拒绝了，差的候选人被错误地选中了。这种低效的决策不仅浪费用人企业的钱，还带来副作用——降低所有人的薪资水平。因为很难排列出绩效好的和绩效差的候选人，用人公司就无法开出更好的条件（更高的签约奖金或更高的起薪）给可能绩效优秀的人；往往所有人都拿相同的、水平一般的待遇，即使某些人可能是更适合的人选。

将这些非常不科学的传统招聘流程与美国国家橄榄球联盟（NFL）选秀中运用的数据驱动的方式做个比较。每年，专业橄榄球队会相继地从拔尖的、有潜力的选手中挑选新秀——通常，联盟中最差的球队最先做选择，然后各球队依次从数百名候选人中挑选。选中某个球员只是给了球队协商权利，并不保证这个球员会最终接受被选。已经成功选到新秀的球队为了说服顶尖的新秀签约到队里来，仍要支付一大笔现金奖金（通常超过 100 万美元）给他们。只有经过认真的估量、对比选手们的过往表现——以选手们大学球赛的大量数据和统计为基础——联盟的球队们才能够轻松地找到最顶尖的人才，然后用几百万美元的签约奖金诱使他们加入。不同于大多数的企业招聘情况，在这里，表现最好的球员得到的奖金会比表现一般的球员多得多。例如，2002 年，获得联盟选秀第一名的戴维·卡尔（David Carr）得到了 1 020 万美元现金奖金；获得最后一名的艾哈迈德·米勒（Ahmad Miller）只得到了 2.1 万美元。给表现可能更好的选手超高的奖励——球队聪明地投资到了最好的球员身上，而不需过多地支付奖励给一般水平的球员。

在"计算机做决定"以前，企业不能像橄榄球队给潜在新秀排名那样将职位候选人挨个排名——一份简历或一段工作经历也不能像橄榄球队划分大学球赛历史（分解成码数、拦截、接球以及其他指标进行统计）那样分解（以便分析）；更别提像橄榄球队那样从每次比赛的数小时录像中收集其他相关信息。但是现在，企业方面正在向球队的分析技术靠拢：在一个我们所做的一切都可以像球赛统计那样被数字化、量化、分析的世界中，你的职业信誉或者意味着你会被给予 100 万美元的签约奖金，或者是一份微薄的起薪（或者根本得不到这份工作）。职业球员招募者知晓每一个拦截、每一个码数、每个完成的确切价值，并大胆将这些信息运用到选秀时的谈判中；同样的，你的简历上的每一个字也可能有确切的价值，每个候选人可能都已被秘密排名。所以未来找工作的时候会更像橄榄球队选秀那样：一系列有难度的评估之后是个人谈判，然后第一名得到这份工作并且收入十分可观，而不会像以前的面试那样握个手，给你一个标准工资。

为了解决招聘决策和实际表现之间的落差，各个类型的企业的用人部门经理开始付诸一种类似于"人才收购"的信誉形式——收集现实世界中的测试数据，模拟一份真实工作。在硅谷，程序员被要求完成一次简单的编程问题（不是什么脑筋急转弯，而是一个模拟实际工作情况的例子），用以剔除冒牌的高手；在出版业，满怀抱负的编辑助理被要求编辑一份稿件以证明自己的实力；呼叫中心座席被要求展示如何处理一个简单的神秘顾客寻衅的电话；诸如此类。

不远的将来，经过改良的信誉筛选将为所有企业提供方法：基于过往表现的数据对潜在雇员进行排名和评估，正如橄榄球队选秀那样。不久，计算机将扫描成千上万潜在雇员先前的经历，然后识别出那些表现高于平均水平一到两个标准差的人。超天才的这一小部分人大学毕业后（或根本没有上大学，如第 6 章将要讨论的）马上被聘用，获取薪水和签约奖金；其他人则被置于更慢的招聘轨道上，没有诱惑，也没有金钱收益。

招聘筛选很快实现改良，将实实在在地影响那些被录用的高职位雇员的银行账户。招聘筛选越精准，每个职位上（不只程序员和工程师）的最佳候选人得到高薪和高额奖金的可能性就越大，因为如果公司可以早早地识别出最佳人选，他们能够预先支付给最佳人选相当于其一生的价值。随着越来越多的公司发现了数字招聘方法的重要性，对最佳雇员的竞争变得越来越激烈，因而企业需要提供更具诱惑的好处给最佳候选人。因此最佳人选的价值对企业和雇员双方来说都增加了。

在前面的章节我们了解了企业利用计算机软件，不仅筛查简历中的最低要求符合度，自动取消资格，还根据他们的需求对候选人进行排名。但这仅仅是自动化招聘的第一步；计算机不只可以以一系列简单的关键词对候选人分类排名，它还有潜力做更多的事。因此企业们都积极投入计算机算法的进一步发展中，即评估潜在雇员。当然他们有充足的理由：优化招聘体系可以带来更多收益。员工流失的代价是很高的；有估计表明，招聘和培训一个新员工平均花费 1 万美元，如果新员工不是合适人选、离职了或无法胜任这项工作，一切都白费了；而专业人才和高级职位的成本要更高。当然，快速流失对雇员本身也不利：他们为一份并不合适的工作浪费时间在面试和培训上，结果再一次失业。就业政策基金会（mployment Policy Foundation）估计，2004 年，所有行业加起来的人员流失率给美国经济造成了 7 130 亿美元损失（比美国联邦政府和州政府花费在初等教育上的总额还要高）。

既然有损失大把金钱的危险，那么整个围绕着"人力资本配置市场"的行业的出现就不足为奇了。《纽约时报》称其为"人力资源配置市场"，这个华丽的术语基本上就是指将对的人和对的工作配对起来。例如，像Good.Co、Evolv、Prophecy Sciences

这样的初创企业已经想出了越来越创新的点子，数字筛选或"测试"潜在雇员的各种特质——这些特质是用人公司认为可以预测工作业绩的。一家名为Knack的公司甚至利用电子游戏［比如《芥末侍应》（*Wasabi Waiter*），正如游戏名字所指，玩家要在寿司店扮演服务员角色］对创新能力、专注能力、人际交往能力进行筛查。

计算机实现"预测潜在候选人的价值（甚至美元价值）"只是时间问题。从候选人的工作效率，到他们贪污的概率，到跳槽的可能性，所有这些都是进行预测的基础。说来有些矛盾，获得过最多的荣誉和奖项的"最佳"候选人在这种筛选类型中的排名可能并不靠前，因为资历过高的候选人如果没有好的内部提升机会，可能很快就会离开公司。［这种拒绝最佳候选人的倾向，类似于大学申请中的"塔夫茨综合征"（Tufts Syndrome）——得名于塔夫茨大学；该大学离波士顿市中心不远，因拒绝资历过高的申请者而变得臭名昭著。他们认为，资历过高的申请者最终更可能去附近的哈佛大学或麻省理工学院。］警察局也因拒绝资格考试中的最低分者以及最高分者而声名狼藉；虽然法律诉讼向这种体制发起了挑战，警察局却成功地辩护说，他们不想要那些有跳槽可能的人。经验教训：对于你在申请的任何一份工作，务必知道其评估分数的理想范围。很多情况下，分数太高（无论是在测试中或在"计算机做决定"算法中）可能跟分数太低一样致命。

计算机筛选的未来形式是，通过广泛的数据对雇员排名，完成从"直觉"招聘到"选秀"招聘的转变。潜在雇主会查看所有的情况——从你的校友们的职业路径，到你的写作风格，到你的申请材料中有多少错别字。新的筛选技术会考虑到你的信誉的每一个可数字化的方面——从网上行为，到工作绩效相关的评分，到脸谱网好友和领英好友的就业情况。所有这些都会输入到计算机模型中；模型基于对相似人群的数百万个观察值而建立：像沃尔玛这样的在全世界拥有 200 万员工的公司，很容易就可以建立一个成熟的员工质量和忠诚度的回归模型。在某种程度上，这一阶段的计算机模型化排名筛选，将以你的前辈们的信誉为基础；如果有类似背景的人对公司忠诚、绩效良好，你可能也是这样的。但如果与你同一个学校的，或相同专业的，或有类似工作经历的人不是有价值的员工，那么你也会因此被连累。（如果想要跟从公司内的某个偶像领导人，那么鉴于你对他的了解程度，隐隐约约地强调一些你们之间的共同之处：你们曾是同一个机构的吗？或有相似的兴趣爱好？有相似的职业轨迹吗？你们原来在同一家公司的同一个团队吗？）

要想考虑"计算机做决定"评分的未来，让我们先回到第 4 章中提到的职位候选人爱丽丝和鲍勃的例子。起初，潜在雇主不认识爱丽丝和鲍勃，当然也不知道他们中谁是更优秀（即更有价值）的雇员。雇主手里只有数据，可以用来推断哪位候选人更有可能是最佳人选——不管雇主用的是传统的招聘方式（人工查看简历并亲自面试），还是基于数字信誉信息的新型"信誉经济"招聘方式，都是这种境况。传统的招聘方式中，雇主利用从简历中收集的数据（之前的工作经历、学校背景等）和面试中得到的信息（对"符合度""文化""品格"的直觉判断），努力推断出候选人能否成为一名富有成效的团队成员。问题是，传统方式中的这些推断往往是错误的。

而在信誉经济中，雇主要考虑无限多的数据。如第 3 章讨论的，计算机力量的日渐强大让数据分析变得快得多，便宜得多。雇主不仅会看爱丽丝和鲍勃的简历，还会对他们迄今的职业情况进行一个全面的计算机化的分析。正如橄榄球队把目光投到传统的简历信息（选手的学校或他赢得比赛的次数）之外，对选手进行排名并准备好数百万美元的支出，计算机化的排名也让雇主们对职位候选人的数百个数据点进行采集、分析以及评分。

橄榄球队选秀的时候，他们建立了计算机模型，使成千上万的数据点变得有意义。这些详尽的数据采集于大学期间的比赛：在坚固防守下冲跑的平均码数、雨天的平均掉球次数、在空场拦截（或拦截失败）的次数。有了这些前所未有的高端模型，球队甚至可以根据特殊情景或比赛风格对球员进行排名：一个球员在雨中容易丢球，那他则不适合西雅图冬天的天气和屋顶开放式场地，但他这一弱点到了新奥尔良的穹顶式场地就可以最小化；类似的，一个依赖于中线跑的球队也许需要找一个预计能够进行冲跑的进攻线锋，而不是一个会长时间传球阻拦的线锋。因此，球队不仅能够预测一个球员的技术大体有多好，还能预测他在某个特定的球队里可以表现得多好。试想橄榄球队进行选秀时只能依据传统的简历数据：来自哪个大学、私人的"谈话"面试，以及所在大学球队赢得比赛的次数（大体等同于 GPA）会是什么样。

当企业招聘体系赶上体育选秀的时候，计算机会审查候选人数字生活的各个方面，以决定他们是否是合适人选。这些方面包括查看候选人在领英这样的职业社交网站上是否有一定的社交优势、查找脸谱网上面是否有"表现不好"的好友（即使你不吸毒不酗酒，仍可能被满嘴脏话、破产、说他人坏话的好友所拖累）、评估报纸或博客上提及候选人时的态度（肯定？否定？还是无所谓？），以及信用评分（如果可以合法获取的话）。正如我们在第4章讨论过的，一个候选人的所有公共数据终将被整理，且汇集成一个小小的一目了然的评分，而公众都能够查看这些评分。

有些工作中，个人的贡献是可以被衡量的，这时候筛选体系还会将雇员以往表现的每一个衡量结果进行汇总。一些行业（比如科技公司）已经这么做了。让我们回到程序员爱丽丝和鲍勃的例子。衡量程序员的业绩的最原始方法是计算他们在单位时间内写出的代码行数。一个 KLOC 表示 1 000（K）行代码（LOC）。KLOC 都算不上是个完整的衡量指标——一个有实力的程序员可能只写了几行代码但是质量高，一个不太能干的程序员可能写了大堆的代码但是错误很多——所以先进的筛选方法还会查看质量指标。如果一个程序员能够给出一个代码作品［可以是GitHub（一个代码托管网站）这样的网站上面一个公开的项目（第 9 章讨论），也可以是非公开的一个私人代码作品］，我们就可以根据相关因素（像汇编错误、是否通过所谓的单元测试评估其功能）来分析代码的质量。

除了提供更多关于候选人的表现和特征的信息，"计算机做决定"技术还可以让雇主们明确个人在团队中的贡献。在脑力工作为主、组织机构扁平化、项目管理为主导的世界里，一个员工最主要的技能之一是有效的团队合作能力。但是当前的招聘方法很难识别出个人贡献对于团队项目的价值；一份传统的简历也许列出了你的团队的各种成就，但并没有什么办法区分出你个人对团队的贡献有多少。（顺便说一句，这也是出现"人才收购"趋势的另一个原因；即使事先难以确定哪些是最优秀的人，若将整个团队作为一个个体，便使收购者得到最有价值团队成员的概率最大化。）

当前招聘方式中一种普遍的偏见是所谓的"失败项目综合征"（Failed-Project Syndrome）（及一些类似术语）。简单来说就是候选人如果曾是一个失败了的大项目的一员，即使他们的表现跟项目的失败毫无关系，他们往往也会因为项目的失败而蒙上污点。他们也许曾是对项目贡献价值最多的成员，曾付出一切努力想要将项目从失败边缘拉回来但最终被无法控制的势力阻拦了。相反地，如果候选人将自己的名字跟一个成功的项目联系在一起，哪怕项目的成功跟他们的努力没什么关系，他们却是在对的地点、对的时间走在了前面。

换言之，问题在于当前的招聘体系往往无法区分"差团队中的好队员"和"好团队中的差队员"。这个问题在体育运动团队做聘用选择时尤为常见。很多体育运动的成功都依赖于团队的共同努力，而很多好队员的贡献（成功的过球、有效的防御等等）都不能在比赛分数上体现出来。通常，一个好的队员会被一个差的团队拖累，而一个差的队员因身处一个好的团队而设法积累了一些表面的成功经历。为了抵消这种影响，运动团队建立了像"+/-分"（或"正-负分"）这样的评分。举一个简单的例子，曲棍球中的"+/-分"的计算方法是，将某个队员在场比赛时球队的进球分进行加总，然后减去同期对方球队的进球分。比如，爱丽丝在场比赛的时候，她的曲棍球队有三个进球分，对方有两个进球分，那么爱丽丝会得到+1分。根据队员的"+/-分"对其进行排名，就有可能识别出哪些队员更有可能对整个团队的成绩做出积极贡献，即使并不是直接计算了进球总分。

多亏了数据分析的发展，如今我们有可能为工作候选人以及其他在职业道路上服务于很多个团队项目的人们构建一个类似的"+/−分"。针对足够多的项目，将候选人参与其中的团队表现与候选人未参与其中的团队表现进行对比，就有可能将个人的贡献分离出来看待。回到我们的程序员例子，通常我们能够衡量一个团队项目是否准时地、零失误地成功开展。但每一个人对项目的贡献与其他团队成员的贡献加总到一起，使得难以直接评估任意个人的价值。如果将某一特定员工涉身不同团队时的成功（或失败）加总起来，就能大致知晓这个员工是否积极地为她所在的团队做出了贡献。其他一些需要密集的团队合作的职位也可以以类似方法对个人评估：律师、外科医生、经理、作家、编辑，几乎所有的在一个成败可以被衡量的团队里工作的人们。这些工作职位表示了不同的人在不同的时间为不同的项目服务，计算机可以对比有或没有这个人时的团队表现，从而梳理出个人贡献的价值。当然，这些项目期望的结果千差万别：一个康复的病人、一本《纽约时报》畅销书、在法庭上为委托人赢得的一次胜利——但在这些领域找出个人贡献价值的方法是一样的。

在信誉经济里，评分软件不仅从候选人的团队中梳理出他们作为个人的贡献，还会考虑他们所在团队或公司本身的信誉。例如，试想爱丽丝曾在Zynga（一家颇为成功的制作社交游戏的工作室）工作了 3 年。但是当爱丽丝开始找新工作的时候，Zynga正在遭受信誉上的危机：社交游戏遭批评，Zynga 的股票也从首次公开募股时的峰值降了 80% 多。在传统的招聘世界，面试官会将爱丽丝与Zynga失败的游戏（无论是有意识地还是下意识地）联系到一起，尽管爱丽丝的个人表现无论如何都与公司股价跌80%没有关系。在信誉经济里，计算机算法能够将爱丽丝在公司的贡献与公司的业绩起伏、盈利高低相关联。

如果安迪·沃霍尔是生活在今天的年轻艺术家，他的生活将会大不一样：数字改变了一切。当年，沃霍尔仅凭着口碑参与到了1964年的艺术展中。今天，搜索引擎会排名"最佳新晋艺术家"，像Flickr（雅虎旗下图片分享网站）这样的网站根据用户的感兴趣程度自动对照片和艺术作品排名。艺术社交网站根据作品话题讨论的热度，自动产生"最热门艺术家"名单。

现今的美术设计师所做的事几乎无异于当年沃霍尔所做的：创作出各种作品，寻找机会。但是现在这些事都可以数字化实现，而不需奔走于全国各地，还随身带着罐头的画。例如，艺术设计社交网站DeviantART可以让设计师们在上面发布作品，讨论、评价彼此的作品。网站用户不局限于应届毕业生，还有很多职业设计师。举其中一个例子，职业插画师劳伦·浮士德（Lauren Faust）以动画系列《小马驹：友谊魔法》（*My Little Pony: Friendship Is Magic*），开启了新一代的"小马驹"，从而广为人知；在得到制作《小马驹》的工作之前，她在DeviantART网站上活跃了多年，在相对较小的职业设计师及插画师的圈子内建立了自己在艺术上的信誉，而后将早期的作品发布到网上为新一代"小马驹"系列造势。

类似地，像 99designs 这样的自由设计网站可以让有前途的年轻设计师在上面展示自己的作品，迈出进入艺术界的第一步。99designs 网站已经开展了 15 万个有偿设计任务，其中有很多任务最终为设计师带来了全职付薪工作。

这些设计类网站的关键都在于人们可以在上面建立作品集；作品集可以很容易地被排名，随着时间的积累越来越强大。每一个这样的网站上，作品被评级、投票、鉴定，然后产生一个易于衡量的分数：卡尔的作品得 70 分，丹尼斯的 90 分，诸如此类。潜在雇主可以轻松地将各个网站上数以万计的设计师进行排名，识别出那小部分适合某份特定工作的人。

这正是程序员们越来越主动地展示自己的能力证明的原因。不同于建立一个公司作为自己的作品集的情况，这些程序员们将他们在 Stack Overflow 和 Coderwall 这样的网站上赢得的"信誉评分"公布于众。在 Stack Overflow 网站上，用户可以通过回答公众发布的编程问题赢取分数；在 Coderwall 网站上，用户通过参与到其他的代码网站并上传一些简单的建议赢取分数。两个网站都声称为传统简历提供替代（至少是补充）的可能，而企业们也在利用这两个网站对有才干的程序员们进行排序、确认，避免了采用"人才收购"这般麻烦（和耗费额外支出）的方式。

随着信誉经济的成熟，这类网站会越来越普遍，甚至是在一些不同于编码或美术设计那样生产具体产品的行业。的确，由于计算机评分算法变得越来越精妙，很快，几乎所有职业的从业者都会如此一般被排名。不论你选择哪个行业，下面的一些建议将告诉你如何跻身前列。

如何成为明星雇员

在信誉经济招聘技术大行其道的世界里，有些人已经明白了如何尽可能地让自己被确认是团队的主要贡献者——从而赢得顶级薪水、签约奖金以及其他奖励。例如，Drop.io这类网站的创始人们清楚地知道如何通过"人才收购"的方式"干预"招聘过程，这表明了他们懂得如何培养一个代表价值的信誉。那么究竟如何做到呢？

首先，通过建立一个作品集（在"人才收购"情况下是一个初创公司的形式），他们给了潜在雇主一些实实在在的东西，这是其他候选人无法企及的。实实在在的作品可以是所有这些经历：从一个商业案例研究，到一次获奖或一纸证书（如律师、教师、医生及其他一些职业），到一份书面作品（对于设计师或艺术家）。

以作家兼演说家加里·维纳尔查克（Gary Vaynerchuk，一般简称加里·维为例。加里·维出生在苏联，年轻的时候搬到了美国，后来在新泽西州斯普林菲尔德小镇其父亲的酒铺里工作。维纳尔查克知道自己性格外向、幽默——他不想只待在一家小小的酒铺里——但没有办法证明自己可以胜任其他工作。于是他从自己熟悉的方面着手：他开设了关于葡萄酒的播客视频"葡萄酒知识库电视台"（Wine Library TV），在视频中热情地介绍了几乎数千种葡萄酒的情况。视频内容充实，形式独特：如果说葡萄酒品鉴的传统形式是以轻声细语和不干扰他人的姿态，那么维纳尔查克则以他对葡萄酒超常的热情，带来了如电视节目《疯狂的钱》（*Mad Money*）一样的全新风格。视频受到了一批葡萄酒爱好者的推崇——有些人都未曾想过自己会喜欢一个关于葡萄酒的节目秀。基于观众群的快速增长，维纳尔查克还得以采访了一系列客人——从韦恩·格雷斯基（Wayne Grezky）到迪克·韦尔梅伊（Dick Vermeil），甚至到《疯狂的钱》的主持人吉姆·克拉默（Jim Cramer）。维纳尔查克证明了自己吸引观众群的能力后，开始追随自己真正热爱的事情：商业和营销。他签了 10 本著作的合同，提前得到 100 万美元预付款，随后出版了像《实现梦想》（*Crush It!*）、《"谢谢"经济》（*The Thank You Economy*）这些书；他在书中介绍自己的工作理念、商业哲学以及新的经济形式。这一切都始于一个描述他父亲商店里那些葡萄酒的简单的播客视频——它成为他的作品集，有效地带来了书籍出版的机会以及后续的一系列成功。

　　当然，这些作品集应该证明你有能力执行用人公司的某个具体任务。记得吗，对一个雇主来说，招聘过程都是不确定的。很多新的雇员不适合其岗位，员工流失又浪费了用人公司的时间、金钱和管理人的精力。而创建一个作品集，即模仿了你将来每天要做的工作。通过去除招聘过程中的一些不确定性，你为雇主增加了价值，换言之，被"人才收购"的公司的创始人证明了他们可以胜任这个工作；加里·维证明了他有能力为几乎任意形式的内容建立观众群。同样，在其他类型的工作和行业，你要建立一个信誉，使其恰能证明你具有心仪职位所需的技能。

　　但同时，展示你的一些非常规的技能也未尝不可。通过展示一些非同一般的特点，满负盛誉的你还证明了自己独一无二地胜任这一职位。（有哪个大学学位能证明某某会成为社交媒体专家？加里·维懂得通过身体力行来证明）有时候，还需要证明你的新作为比旧成绩要好。还有，既然大多数最有价值的工作职位可能根本都没有张贴出来，你就没办法知道哪些诡异或看似无关的技能在雇主（及其计算机算法）眼中或许成了优势。所以，要确保你那些非同一般的技能——也许你有戴水肺潜水的证书、你的诗歌作品得过奖、你知道如何接通汽车的点火开关——都在某些地方提到过。那么这些技能到底会不会触发计算机算法，将你从数千名同样优秀的候选人中挑选出来去接任高薪工作呢？答案不得而知，但它们至少会让你格外突出。

　　最后，这些成功候选人的例子都不是以常规的工作谈判流程进行的。对大多数候选人来说，他们走的是典型的招聘流程，因而最高薪水和奖金都设置在一个范围内——某些管理层在一年以前就制定了招聘预算任务，将特定预算拨给了人力资源部门。这些日常的招聘体系限制了识别绝佳人才的灵活性：无论某个候选人看起来有多好，管理层设定了预算，人力资源就只能跟从。但是，建立一个可以将招聘者和雇主吸引到你身边的信誉，你往往就可以跳过人力资源部门，直接与用人部门甚至部门经理协商。他们通常有回旋余地，可以支付比所谓的 HR 表格设定范围更高的工资。

　　无论你是什么样的职位、处于哪个行业，一个好的信誉能够打开你不曾知悉的大门。但事业远非人生中唯一一个可以受益于好信誉的领域。在后面的章节中，我们将讨论所有可以利用数字信誉的途径，以获取其他各种领域中的更好的机会、福利以及社会利益。

第 6 章

打破传统

重新定义教育

现今，大学比以往更受欢迎。美国高中毕业生到大学继续深造的比例从 1980 年的 50% 上升到 1990 年的 60%，再上升到如今的 70%，接近历史高点。全球的高校入学人数都在急速增加。例如，耶鲁大学最近在新加坡成立了分校，该学校成为当地第一所美国式文理学院。纽约大学正在到处建立分校，从布宜诺斯艾利斯到悉尼，再到阿布扎比。在中国大陆，高等教育也以前所未有的速度发展着：根据数据来源以及所采用的对"大学"的定义而定，中国的大学生数量从 2001 年的 1 200 万人增长到 2005 年的近 2 000 万人，有估计表明 2007 年超过 2 500 万人（学生人数的估测甚至变得困难，这是中国高校市场迅速增长的一个"症状"）。当然，这些估计中的任何一个结果都让美国在这方面的数字相形见绌：2011 年，约 900 万人进入美国高校进行四年全日制学习，300 万人进行两年全日制学习。

同时，学费和其他花费也处于历史高点。学生们为一个学士学位带来的所谓荣誉支付一大笔金额，且负债累累——私立学校仅四年学费就要 20 万美元，公立学校学费往往也要超过 5 万美元（更别提耗费的机会成本了：四年时间花在大学学校里而没有去参加工作或拓展其他的追求）。而且情况只会越来越糟：每年的学费正以 8%的速度增长，该增长率几乎是其他商品和服务通胀率的两倍，而且几乎高于除医疗外的所有其他类别的价格增长。仅在美国，每年花费在传统高校教育上的费用就超过 4 250 亿美元（甚至还没有包括以营利为目的的学校），该费用还不包括大学学生们的大量私人花费（从教科书到学士服等所有方面）。

然而，尽管大学入学人数和大学花费的增长如此之快，雇主们却仍在抱怨说他们找不到具备所需技能的求职者。某些研究表明，几乎一半的大学生在入学后的前两年都没有在书面沟通能力或思辨能力方面有所收获。在岗位上耕耘了 20 载的哈佛大学前校长，甚至都遗憾地说"各高校带来了那么多的利益，但它们为学生所做的远远少于它们应该做的"，还说"很多大四学生毕业时都未能有足够优秀的写作能力让他们的雇主满意"。但是雇主们仍然依赖于大学学位，将其作为快速筛选求职者的根据，尽管他们也担心正录用的学生并没有受到"实际"的教育。

美国学生为上大学支付的天文数字金额的另一面是高等教育体系在学生教育所需资源上支付的巨大金额。各大高校每年在教授、助教、视听设备、实验设备、考试软件、答题卡读卡器等方面的花费达数十亿美元。仅举 3 个例子：斯坦福大学每年花费 44 亿美元，得克萨斯大学每年花费 22 亿美元，俄亥俄州立大学每年花费超 50 亿美元。这三所大学中的每一所在 2012 年的花费都大于伯利兹全国的国内生产总值（约 14 亿美元），美国所有高校每年的总花费在 4 250 亿美元左右，超过了包括奥地利、泰国、委内瑞拉在内的一些主要国家的国内生产总值。

美国各州也要支出数十亿美元资助高等教育。所以，学生们背负的债务越来越重，而已经颇有压力的州政府预算制定者又觉得很难有理有据地为当地各大学加大资助，于是原本相对负担得起的由州政府补贴的教育变得越来越让大多数学生力所不及。

同时，越来越多证据表明这种"一刀切"的四年制在校教育对很多学生来说并不合适。对于初入大学校园的学生来说，有些人能够很快地进步，有些人则需要更长的时间才能达到同样的目标。有些学生肩负外部责任——有家庭或老人需要照顾，这些占用了他们课堂以外的时间或在地理上造成约束。有些学生在开始大学生活以前还需要一些时间让自己成熟起来；有些学生则在传统的十八九岁的入学年纪之前就早早地做好了情感上和理智上的准备。有些人的学习风格恰恰不适合课堂学习；大量极其聪明（且有潜力获得成功）的人就是对项目导向的工作或团队工作"来电"，对课堂讲座或考试没什么感觉；还有很多优秀的学生挣扎于盲从墨守成规的学术体系里的成功标准。而如果可以背负更少的学生贷款，所有的学生的情况都会有所改善。更重要的是，除了学生和纳税人感到不愉快之外，美国大学毕业生相对他们的欧洲和亚洲同龄人的竞争力也越来越让人担忧。

除了过高的花费、学生个人目标和生活境况的压力之外，高等教育的传统模式中还有很多固有的问题。但是各高校容忍了这些问题，因为没有人能够创造出一套更好的体系来达到一个高等教育体系所需的所有标准，包括达到在每年数百万学生规模下运行该体系的能力。

"一刀切"体系的问题之一反映在院校机构具有的不同规模：小的院校没有资源实现专业化细分，而大的院校受到体制僵化的不良影响。比如，一个小的学校可能只有一个老师包揽所有的东亚历史课，尽管东亚历史中至少存在着六大系统，相比它们之间的共同之处，各自更有不同之处。相比之下，大的院校具备更细分教学的资源（在一所主流研究型大学，也许有一位古代中国方面的专家，另有一位现代中国方面的专家，甚至可能有一位教授专攻中国清代研究），但是它们需要极其标准化的行政管理流程以保持各项事务的顺利进行。管理一所具有成千上万学生的校区——本身就是小城市——需要标准化的计划安排和注册体系，以确保不会出现几百个学生都去同一个班而另外几十个班都空无一人的情况。得克萨斯农工大学和得克萨斯大学奥斯汀分校这样的大学，各自在他们的主校区招收了5万多学生（他们都说得克萨斯州什么东西都比别人大），不得不具备极其复杂的课程注册程序以便同时处理这么多的学生的注册。仅举一个例子：农工大学每个学期有十多个不同的课程注册的截止日期，根据年级、荣誉状态、就业情况及其他因素而定。毕业时所需掌握的对注册系统的操作技能都能赶上真正需要修到的课程，而很多学生最后毕业时却没有上到他们想上的课程（或者有时甚至没有选到他们喜爱的专业），更别说获得他们在社会中取得成功所需的技能。

但是，尽管大学对很多人的"适合度"有这么多令人担忧之处，学生们仍是排队报名上大学，因为持有大学（尤其是"好大学"）文凭甚至是许多工作职位中通过简历筛选环节的必要条件。结果，很多学生被迫投入了昂贵的、浪费时间的传统大学模式，而那恰恰不适合他们的学习风格、家庭境况或职业目标。学生们为了获取他们的文凭而不懈努力，尽管大学学位其实是个无效信号这件事已众所周知；人们如此重用它是因为——即我们在这一章将要讨论的——它比雇主们使用的其他任何常见指标都好。

告别笔，告别书

在西方，大学文凭在就业市场中目前主要起到两个功能。让我们将这两个功能称为"教育"和"信号"。我们说的"教育"是指真正教授技能和知识给学生，从大体的战略思考能力到具体的专业知识等。学生们从课堂和考试中学到并保留下来的知识量受到了热议，而雇主们——尤其在专业领域——希望学生们能从那几年灿烂的大学时光中真正学到些东西。

我们说的"信号"功能是指让雇主们知道，持有大学文凭的学生很可能具有高水平的工作表现。大多数雇主们相信，在其他信息都缺失的情况下，几乎可以确定，一个具有大学文凭的求职者比没有大学文凭的求职者更有可能在工作中——几乎任何工作中——获得成功。他们也许还相信，从知名学府获得学位的求职者比来自名气平庸的高校的求职者更有可能在工作中取得成功。当然，没有人认为仅仅持有一纸文凭就能保证该求职者会获得成功；但是，当人们面对数百份（甚至数千份）简历的时候，是否具有大学学位恰是过滤和处理过量申请的一个快速途径。

有一个关于教育和信号的重要区分的绝佳例子，这个例子来源于一个看似不太可能的地方：机动车辆部门。在很多州，学习开车的过程（教育）在公立或私立驾车培训课程中进行，但它很大程度上脱离于令人生畏的上车考试——考试由一个身经百战的考官管理，在当地机动车辆部门进行，由他们给你发放驾驶资格证明（信号）。换句话说，提供驾驶资格证明的机构（机动车辆部门）跟真正提供教育的机构（驾驶员培训机构）是不同的。这种"脱钩"的体系起到了作用：人们可以从数百个驾驶员培训机构中进行选择，但最终每个人都需要通过同样的严格的驾照考试。当前的大学环境却不是这样：既承担了知识教授又负责信号给予的人们（大学和教授们）受到激励，会让学生们看起来显得更好，（通过分数膨胀、文凭工厂等）从而逐渐削弱了信号和教育这两者的价值。

在未来的几年中，这些紧张局势的揭开将会引起高等教育界的重大改变。这一章我们要讨论信誉经济将如何打破传统教育模式，加快这一改变——有时候以强有力的方式让教育和信号这两个功能分离开来。一种新的体系将会浮现，它比以往更精简、更有效、更强大。胜利者会是那些准备好适应新规则的人，是那些利用新机遇证明自己对世界的价值的人；这一章将为你展示如何成为其中之一。

高等教育的传统模式之所以得以持续是因为，直到最近，仍没有一种切实可行的备选的证书授予体系。一种被广泛宣传的替代传统体系的模式是在线教育。毕竟，今天越来越多的知识都能够在网上获取，且以越来越规范的形式呈现。高等院校的某些部分是网络不能全部复制的（很多大学里的社交活动以及实验室研究），但很多部分都能被复制（讲课、论文、考试等），而有些网上形式甚至比传统的在校学习更丰富（交互习题集会根据成功率、数据驱动的优劣分析而调节难度）。在线自定义教育还能够解决大型院校里的组织管理问题：学生们可以根据自己的节奏安排自己的时间，避免了课程冲突及校园内的长距离穿梭。学生们还可以选择世界任何地方的最好的教授的最佳讲座（至少在理论方面），并且从更小规模的团体中得到研讨会一般的支持。但是到最近，学生们的在线课程选择仍局限于少数以营利为目的的在线院校和少数试图将他们讲座风格的课程接到网上的传统院校。每个课程在很大程度上都是传统教育模式的数字化翻版：每节课都在一个小时左右，根据每个学期做安排，而且通常需要在固定的时间内进行在线互动。当一个新体系推出时却延续了老模式中最坏的特征，这种问题不是什么新鲜事了：要知道早期的汽车跟马车是如此相像，早期的汽车司机毫无必要地坐在车外的雨中，而乘客们坐在车里面。早期的在线教育差不多就是这样，它照抄了线下模式。结果，在线教育未能解决传统教育中的许多难题。

直到最近仍然很难具有意义深远的在线教育体验。顶多是一个学生可以观看YouTube视频，阅读在线讨论——即使有大量的资料供学习，还存在着声誉问题。选择你最喜欢的课题——经济、环境研究、宗教、种族关系——结果肯定是"怪人"百出。所以即使是最具洞察力、最吹毛求疵的自学者，在尝试这些话题方面的无指导的自主教育时都会浪费时间在分清虚幻和现实上，只因为网上最响的声音不一定是最正确的。传统教育的部分价值在于那些教授知识的人受到强制性的资格证明；你也许不同意你的教授的观点，但是体系的设立就是鼓励学术间的不同意见以及准确识别辩论状态的能力。

不过，即使一个学生顺利克服了所有这些障碍，而且以某种方式获得了顶尖的在线教育，也不妨碍大学之所以重要的第二个原因：信号。在信誉经济以前，自学为主的在线教育所带来的证明价值并不比完全无学历的情况好多少。大多数雇主也不会把"我通过观看一堆 YouTube 的历史课视频自学了美国历史"等同于一个历史学学位。因为大学的第二个重要功能——尽管有种种低效问题却让大学得以以当前形式存在的功能——是发送一个信号，即总体而言，大学毕业生很可能比高中毕业生更值得雇用。而信誉经济随时准备以新的信号替换所有那些传统的信号——取而代之的新信号能够更清楚地、让每个人都以更低的成本传达实际所学的东西。

不仅仅是张羊皮纸？

"信号"毫无疑问是大学教育的很大一部分价值。相比没有文凭的学生，雇主更有可能雇用有文凭的学生，几乎普遍如此。

比起来自一般学校的学生，他们也更有可能雇用（且支付奖金给）持有一流的四年制"名牌大学"文凭的学生。讽刺的是，不论某个特定学生在大学时的表现如何，都是这种情况：哈佛大学排名最末的学生相比其他许多学校最拔尖的学生（公平也好，不公平也罢）更有可能被许多工作选中。（医科大学排名最后的毕业生我们叫他什么？"医生"。）雇主们将"大学文凭"作为一个如此强的信号，以至于没有大学文凭（即使他们也有优质的非传统教育背景）的学生们根本没有机会证明自己，因为正如我们讨论的，他们的简历在招聘流程的第一个环节就被计算机自动过滤掉了，而有文凭的毕业生们进而进入面试环节以及其他评估环节。

相比其他学校，虽然常春藤盟校和其他精英学府确实在每个学生身上投入更多的教育经费，但是仅教育支出这一区别并不能解释诸如哈佛大学、汉诺威学院及新罕布什尔州立大学的毕业生的薪水差别。文凭的强大效应甚至还在学术圈内有个花哨的叫法："羊皮效应"，得名于老式的学位证书。原来的学位证书是真正的羊皮制成的，直到后来优质的纸张变得更便宜。（圣母大学的本科毕业证书在 2012 年以前还是以真正的羊皮纸颁发的，弗吉尼亚州的一所宗教高中每年仍在以真正的羊皮纸颁发学位证书。）

在正式的经济学文献中，羊皮效应衡量的是两个候选人之间工作机会和薪水前景的差别，这两个候选人具有相同的教育经历但一个持有文凭而另一个没有文凭。结果表明，两者具有明显差异。例如，2008 年加拿大的一项关于先前研究的回顾总结表明，如果两个候选人都毕业于四年制大学，但是一个获得了文凭而另一个没有（即使出于不可控的原因，比如课程无法参加或学位要求有所变化）；相比持有大学文凭的人期望的正常工资增长水平，没有文凭的候选人得到的薪资增长是前者的 70%。即使在控制了两个比较组之间的任何差异（值得注意的是大学辍学者一般具有更低的成绩或在其他方面有所不同）之后，该研究的研究者们仍能够确定，持有文凭的候选人和没有文凭但其他条件相同的候选人之间的收入前景大相径庭。他们说，"即使将直接观察到的技能衡量指标包含在收入方程式中，羊皮效应仍然保留着巨大的作用"；他们还推测，羊皮效应的存在很大程度上是由于大学具有信号功能。另一项研究发现，在其他因素保持不变的情况下，成功修完学位能够给一个 20 来岁的学生带来的薪水比接受了相同年数教育的人的薪水高 11%。

在非正式的对话中，羊皮效应就是在说持有文凭的人往往更容易找到工作，哪怕另一个候选人具备更多的经验或更好的技能。简单来说，雇主们——不管是企业、非营利机构、大学、政府部门等——都忙得很，他们需要一个途径快速筛选候选人。越来越复杂的知识经济要求将各个领域的技能融合到团队工作中；

在这样的环境下你还能如何衡量一个候选人的工作能力呢？有些雇主做了尝试，而代价是巨大的：纽黑文市政府想要利用一场笔试来确定哪些有前途的候选人可以到该市的消防部门任职，但是仅仅制定这场考试内容就需要对他们自己的员工进行访谈和随行记录，对其他城市的消防部门进行访谈，以及让自己当前的员工们测试试题版本。而最后，这场考试导致了法律纠纷，最后在最高法院得到解决。哪怕这场考试成为预测紧急情况下的表现（这本身是个开放性命题）的最准确的方法，对这个城市来说它也是一场昂贵且耗费时间的难以置信的冒险，当然也不可能被大量的雇主和企业所采用。

传统的面试并不提供更好的信号：面试得不错的候选人并不一定工作表现出色。事实上，很多心理学家和管理方面的专家都发现，工作面试中的表现和实际工作中的表现仅呈现弱相关性。每一项研究发现的结果略有差异，这取决于正好是谁在进行面试以及后来的工作业绩如何衡量；但是大部分研究都指出，非结构化面试的有效性约为 0.35（或者说 35%）。有效性分数为 0 表示面试情况与工作表现毫无关系；投一枚硬币来挑选候选人的方法都比这效果好。相反，分数为 1 的话就是表现评估效果的最理想情况了：这意味着面试可以完美地预测工作表现。所以 0.35 的结果总比 0 好，但是它远远落后于其他的评估方式。相比而言，"一般能力倾向测试"和"工作试样测试"（实际操作手头的工作）的组合是迄今发现的最好的评估方式之一，测试有效性可高达 0.63。但是，综合能力测试往往违反规则，而一场工作试样测试可能花费巨大且难以管理。试想一下如何给一个消防员制造一个完整的工作试样：从心肺复苏术，到进入着火的大楼展开搜寻和营救等一切情况。一场这样的评估将是完整的，但它要在每一个候选人身上花费数千美元——面对如此代价，消防部门不得不在执行测试之前先缩小候选人范围，一切又转回到了大学文凭和成绩。

面试还会受到偏见的影响；有一项研究发现，面试官主要关注的是求职者发出的非言语性的信号（比如求职者的衣着、自信心），而非实际的工作能力资格——这种情况太糟糕。麻省理工学院的一项研究甚至在连面试基本内容都未考虑在内的情况下，根据面试官和求职者的说话风格就预测出了 85% 的模拟工作面试的结果。

所以，由于没有既快（你能从一份简历中看出结论吗？）又便宜（需要特殊的设备或测试吗？）的更好的办法筛选候选人，雇主们只好求助于他们所熟知的准则作为第一步：寻找大学文凭和 GPA。当然，很多仅要求一纸大学文凭的雇主并非真的在查看候选人在大学学到的东西。一个候选人从"历史学 205"学到（并记住！）的一切——中国公元前 202 年至公元 1271 年的一切历史——对雇主来说根本没有用处；有用的是他们得到的信号：

该候选人积极上进、学习能力强、愿意为了目标而努力拼搏，诸如此类。有些雇主寻求的学生在大学学习了更具体的技能——教学、工程设计、牙科技术——但是往往发现即使是这类学生，毕业时具备的实践能力仍处于非常低的水平，通常还需要广泛的工作培训。大学文凭在一定程度上是个信号，但相对而言它是个弱信号。

如果各大院校能让来自不同学校的学生的比较排名变得容易，以上的情况就无关紧要了。然而众所周知，对学生进行比较是很困难的：各院校、各专业、各专长的GPA大不相同，往往更多地基于本学院的影响力，而非基于学生能力间的差别。"分数膨胀"（平均来说，现在学生的大学成绩比上一代人的成绩高很多——高得以至于一所普通私立大学的中等学生的GPA在3.3左右，比过去20年的情况增加了0.2，比20世纪60年代时增加了近0.8）不仅使得识别出在校表现优异的学生变得困难，各校间的比较也变得更加困难，因为有些学校的分数膨胀被控制在一定水平，从而没有其他学校那么严重。例如，新罕布什尔州的一所小型文理学校圣安塞伦学院将该校的GPA中值设定在2.5，比它的同类学校低了整整0.8（几乎相差了一个等级）。换句话说，在圣安塞伦学院得到3.0的GPA比你在一般私立学校得到同样的GPA要困难得多——就像一个班里的中等以上水平和中等以下水平之间的差别一样。有些学校，像布朗大学，让学生间的成绩比较和排名变得困难，似乎还引以为傲：在那里，学生可以参加全部课程，不参加课程，或参加任意数量的课程，课程按照通过或不通过来评定；或者他们也可以要求在任意课程中以叙述性方式体现他们的成绩，以此取代了分数成绩。呈现的结果混合了持有传统成绩单的学生、有很多"通过"或"不通过"选项的学生、得到优秀教授写的评估并结合以上所说方式之一的学生，而以上每一种情况都无法知道学生们借助所在体系投机取巧——通过在简单的课程中或宽松的评分人那儿要求按字母等级表示成绩——达到了何种程度。

虽然这一体系鼓励人们将每一位学生作为一片独特的树叶看待，但它给雇主们最初的筛选过程造成了困难：雇主们只是想知道某个学生比来自另一个学校的同伴表现可能更好还是更坏，叙述性评估（每个评估出自不同的教授之手，具有不同的风格和标准）很难进行相互比较，也很难与传统的成绩单做比较。而在雇主们面对数百份申请的现实下（全国范围内，每一个工作招聘对应有 250 份简历发出），这种体系自然难以发展起来。

然而，即使在成绩分数为强制性指标、学生的成绩分布在一条严格的曲线上、学生排名公开的学校，雇主们能够进一步得到的信息还是不多。到最后，评分出现了一个显而易见的困境：评分政策越严格，最好的学生更有可能通过只选择自己擅长的课程（比如一个会西班牙语和英语的双语学生注册了一门西班牙语课程，或者原来高中校报的编辑注册了"新闻学101"）而提高他们的名次，却并非去学习新的科目；评分政策越宽松，最好的学生更有可能巧用评分政策以提高他们的名次（比如有个学生为了让成绩上一个等级，选择了众所周知是以通过和不通过来评定的有机化学方面的医学预科课程，却又选了"音乐研究101"——在很多学校都被嘲笑是"鼓鼓掌赚学分"的课程）。

当然，在一个与工作描述完全分离的领域具有优秀的成绩是毫无用处的。一个全科A的哲学专业的学生，整天都在辩证地思考社会契约，他也许会是一个优秀的博士生人选，却是个差劲的计算机程序员；一个计算机工程专业的学生也许在谷歌非常合适，但是在NASA（美国国家航空航天局）就行不通；一个具有相同成绩的不同工程专业的学生也许做的是截然相反的事。

尽管有这些缺点，雇主们却只能退回到大学文凭、专业以及GPA相结合的这一由来已久的方式来开展大部分的招聘筛选，除此之外别无他法。近期一项研究表明，近80%的雇主都对候选人的GPA有严格要求。只要看一看近期的这些招聘广告：纽波特海滩市的一家公司对研究助理职位的要求都要达到"完成文科学士学位或理科学士学位，GPA良好"，美国中央情报局说，"我们招聘的大学毕业新生的GPA必须至少达到3.0（满分为4）"，不考虑不同学校的分数膨胀的调整。

如果一种新的可招聘性信号要取代大学文凭，它得在预测工作表现的时候更好地平衡雇主的花费（低）和相对大学文凭的精准度（也低）。我们已在前面的章节讨论过，取得正确的招聘筛选结果能带来经济利益：新的筛选机制比仅看文凭的老机制的有效性每高一个百分点，雇主们将相应地实现巨大的价值——从人力资源经理耗费的时间成本，到穿越整个国家的机票花费、酒店花费、一整天的面试时间，再到招聘了不合适人选以及后续合同终止带来的员工流动率成本。

多亏了信誉经济，雇主们使用的信号再次改变。未来的信誉经济工具会让求职者和雇主都能够预测一个候选人具有多少实际技能——而非GPA或颁发文凭的学校名字——以符合特定的职位或公司。换句话说，信誉经济重重地打破了高等教育的影响力；因为技术正在迅速发展，你独一无二的信誉会变成更强的可招聘性信号，比学位证书上的名字更有用，甚至有没有学位都无所谓。最重要的是，随着"计算机做决定"世界里新的技术的发展，对雇主来说这些信号越来越触手可得，越来越节约成本。

大学：该妥协了

不足为奇的是，也许真正打破教育体制的事物会来自学术界之外。的确，未来20年内，教育最重要的变化不会是由官僚机构决定的这类事情——一个班级容纳24名学生还是26名学生、学生在既定专业领域应该参加 4 门课程还是 5 门课程、在线学习的最佳工具是笔记本电脑还是平板电脑，诸如此类。改革会给当前的具有课堂讲座、宿舍、期末考试且一切归结于一纸华丽的文凭和一个权威的 GPA 分数的传统四年制大学带来真正的突破。不过，尽管在线学习、慕课（大型开放式网络课程）之类被说得天花乱坠，最有影响力的改变并不在于教育到底以何种方式呈现：到最后，不论学生是通过在线学习、课堂学习、拜师学艺，还是通过其他一些尚未发明的方式，都不重要。最重要的改变在于学生和求职者被评估的方式。而评估方式的改变将让当前的信号体系彻底改变。

一位名叫萨尔·可汗（Sal Khan）的教育改革家正在利用信誉经济做这件事。他不是那种让你觉得可能会挑战传统教育模式的人：他不是厌倦了昂贵的教育预算的州政府官员，不是寻求内部改变的一流大学的校长，不是有政治背景的营利学校的首席执行官，甚至连教授都不是。他没有任何教育方面的学位，也从未做过全职教师。他不是教师联盟的一分子，还常常因此受到批评。他是一个从哈佛商学院和麻省理工学院总共获得了四个学位的谦虚的数学"极客"，因为 2004 年时他的外甥让他辅导数学，从而极其偶然地踏上了改革高等教育的征途。可汗具有数学和电子工程学士学位、电子工程和计算机科学硕士学位，也许他教小学数学就跟贝多芬教孩子们钢琴一样大材小用了。不过当他开始使用Yahoo! Doodle——一种可以通过共享电子画板进行同步音频聊天的聊天工具——为外甥进行私人授课时，他发现这样上课非常有效果，于是到了 2006 年他决定在 YouTube 上发布课程视频。该数学辅导视频具有非比寻常的效果；随着消息的传开，可汗发现他的观众群不断扩大，于是相应地加快了上传视频的速度。

当他意识到这会带来重大意义，他辞去了对冲基金分析师（汤姆·沃尔夫会称之为"宇宙之王"）这份舒适的收入达 6 位数的工作，开始自己的非营利教育事业，且肩负起一个非同一般又野心勃勃的使命：让那些他曾上过的名校黯然失色，以每个人都能获得的实际教育取代哈佛文凭的价值——或者按他的话说，"为全世界所有人提供优质的免费教育"。

到 2013 年，可汗已经亲自制作了超过 3 000 个视频，可汗学院的YouTube频道达到 40 多万个订阅者。截至 2013 年，可汗学院的视频被浏览了 2 亿多次。谈及可汗如何仅通过一个YouTube账户和一个麦克风开启了这一场运动，比尔·盖茨说："这个家伙太棒了。以这么少的资源做了这么多的事，帅呆了。"

今天，可汗学院也许是最大的非营利网上学校，很多人还闻所未闻。不同于营利性的菲尼克斯大学网上学校，可汗学院不在午夜电视做广告，也不具备以学院命名的专业橄榄球场（菲尼克斯大学有，讽刺的是从未在上面进行过一场比赛，因为该校没有校际体育项目）。可汗学院的大多数视频具有可汗独有的怪异风格：不同于大多数商业教育机构的视频课程，它们不以模拟传统课堂的形式拍摄。不同于传统的视频那样显示一位站在（真的）黑板前的教授以及一个（通常是假的）教室，可汗的辅导视频从来不显示他自己的脸。屏幕上仅显示他的白色数字画板上的一系列输入；他一边以浑厚的旁白声音叙述内容，一边在画板上面打草稿（字迹非常潦草）。

可汗很快由数学辅导扩展到了更全面的范围。学院现在包含了生物学到经济学，到艺术，到认知科学，再到资本市场等所有方面的视频。而可汗的长远计划远不止建立一个全面的视频图书馆而已。他想彻底改造高等教育模式。在他的设想中，像哈佛和麻省理工这样的学校将被亲身实践的实习和自我指导的在线学习的组合所取代。拉丁文书写的印在羊皮纸上的学位证书将被在线大学考试中获得的证书所取代；考试也许由可汗学院管理，也许由其他资历证明机构管理，在全国内都可实现。在他的设想中，你从哪里获得的相关知识，如何获得这些知识都不重要，只要你具备这些知识——而相反，但愿你能够因为在普林斯顿学习了相同的课程而在耶鲁大学拿到文凭。在这个模式下，分布在全国不同院校的 1 000 位大学老师——每人给 50 名学生教授相同的计算机入门课程——将被一位老师取代（希望是位最好的，当然也是准备最佳的老师），这位老师给全世界 55 000 名在线学生教课。或许最重要的是，这 55 000 名学生将因参加了该课程而获得完全一样的证书。

随着可汗的设想从简单的辅导扩大到一个全新的教育模式，他围绕着学习体验建立了一个基础架构。学生们可以进行注册（免费），追踪他们的课程（免费），使用数学习题及互动游戏进行练习（免费），与其他学生交谈（免费）。"教练"们也可以注册并追踪他们的学生的进展。虽然网上各部分功能仍处于初期阶段，可汗学院的模式几乎在每个方面都与传统的全日制教育不同。它没有强制性课程或学期；学生们可以凭自己喜好快速发展或慢慢推进。它没有持续一个小时的讲座；内容以简短的迷你单元讲授，通常每节课在 15 分钟的范围。比如，微积分这门也许在 45 所高校讲座中都会教授的课程，被拆分为每节约 15 分钟的 192 节迷你讲座（由于没有课表，没有必要让所有的讲座都保持完全一样的时长）。没有成绩，没有教室也没有老师。当然，也没有带着常春藤覆盖的外墙的哥特式大学建筑，没有橄榄球场，没有雕像——可汗学院摒弃了美国高等教育的一切诱惑。保留的是非营利的性质，只专注于高等教育中的"教育"部分。

以前也有过远程教育。早在美国邮政部出现以前就存在的函授学校就是以通信方式教学的：1728 年《波士顿公报》（*Boston Gazette*）上的一条广告宣传一个叫凯莱布·菲利普斯（Caleb Phillips）的人的服务，说他能够以远程通信方式教授"速记的最新方法"。与那时不同的是可汗及其他类似的人正在利用信誉经济的力量给远程教育创造新的东西：一种可验证、可信赖的模式，能够成功地打破传统高等教育中早期在线自学模式就为之努力过的许多方面。

换句话说，让可汗学院以及其他类似的初创企业真正有价值、有改革意义的不是在线视频（数千小时）组成的庞大图书馆，不是明星代言人（勒布朗·詹姆斯），更不是成本（免费），而是围绕着它迅速发展起来的证书授予体系。可汗预想了"微证书"——他相信人们不应该只是在四年或四年多以后只被授予一个大学文凭，而应该能够根据自己的意愿在或多或少的专业领域接受考核，而且不只是他们在课堂学到的东西。在一家博物馆实习，那么参加博物馆研究的资历考试；上了一系列计算机科学课程，那么在那个领域参加一场实际考试获取资历证书；以此类推。似乎有些未来主义了？你也许听过的那些学校——哈佛、麻省理工、加州大学伯克利分校——组成的大学联盟已经在尝试这么做了：通过一个叫edX（大规模开放在线课堂平台）的项目，给通过了个人在线课程考核的人颁发"微证书"。诚然，课程本身是很传统的，但与精英院校的大部分课程不同，它们向任何有意注册的人开放，不仅限于被大学录取的学生。而且如果他们已经通过其他途径学习了基础知识的话，允许人们直接跳到最高级的课程。一切还不算完美，但是个好的开端。

能够提供完成某项学业的证明（比如一张微证书），不论该学业是在哪里完成的——这一体系向信誉经济中以远程学习为信号的状态迈进了必要的一步，但是还不足以真正改革学生被教育以及被雇用的方式。教育对招聘流程的影响力的真正革命的来临，是当雇主能够在学生毕业时以一个重要标准评估他们的时候：他们是否会在这个特定的公司的特定职位成为优秀员工。

一家名为EmployInsight的公司试图填补这个缺口的一部分。他们不以学生的学业成绩（我们都经历过）来评估，而是让应聘者参加一场在线测试——在许多方面都类似于一场性格测试，甚至是你可能会在eHarmony（美国最大的婚恋交友网站）这样的约会网站上看到的一类问题。根据应聘者的回答，EmployInsight对每人在诸如"可靠性""感恩之心""创造力"方面的性格特征进行评级，然后利用算法试着给他们匹配最好的工作职位。

EmployInsight不是唯一一家利用数据驱动方法评估求职者的公司。员工评估在科技行业已经成为热门领域，吸引了10亿美元级别的投资。例如，2012 年，数据库巨头甲骨文公司以 19 亿美元收购了 Taleo 公司，目的是为了将 Taleo Cloud 服务——让用人经理们以合理的成本对突破以往数量的应聘者进行筛选——添加到自己的企业服务中。如果有可能以面试 10 个候选人（基于大学学位挑出来的）所需一样的成本，为 100 个求职者提供一个工作试样测试，那么整个招聘游戏会发生天翻地覆的变化。泛黄的羊皮纸突然变得更无关紧要，而真正的工作技能变得更息息相关。

　　当然，没有一种招聘筛选系统或算法能够完美地预测工作表现。目前还没有。但是如果棒球统计学家能够通过 Sabermetric（棒球资料的统计分析）这样的分析服务，让球迷们准确预测一个球星会为自己的球队赢得多少胜利（所谓的 VORP，即取代价值），来预测球手的表现——那么实现预测工作表现的能力也将很快到来。而且 Sabermetrics 基本是免费的，因此可以设想一下投资在招聘筛选领域的几十亿美元到底能做什么：不久后一台计算机将能够告诉你，"这个应聘者每个月比你当前的一般员工多带来 1 万美元销售额"。这就是商业领域的一种 VORP 分数。

　　正如不符合传统期望的棒球选手由于新的分析方式而被选中，其他个人职业很快也会是同样的情况。是让非传统的学生和生活道路曲折的人们发光的时候了。即使你不是毕业于你所在专业领域最佳的学校，即使你根本都没有接受过传统教育，在这种情况下，越来越多个性化的评分方式将给你机会证明你最终能够胜任。我们有信心预测，随着时间的推移，非传统证书和生活经历会比他们现在获得的学分有价值得多，这一点将越来越显而易见。

重新定义教育

仅仅通过信誉经济更好地识别人才的办法并不会立即被采用。套用物理学的基本概念来说，当一个体系静止时，它将保持这种状态；让企业和雇主丢弃他们长期依赖的高等教育的信号机制并非易事。幸运的是，有一股独特的动力在推进改变：前面所提到过的学生总体债务以及高等教育成本的急剧增加。现在，学生们忍受着极为惊人的各个方面的管理低效：教授课时量低；硕士研究生研究着难懂的课题，资助经费来自本科学生的学费；诸如此类。部分原因是他们能够通过信号的价值使其名正言顺。换句话说，学生们愿意忍受大学的高额学费是因为他们需要"信号"和"教育"这两个东西。几乎美国每一个高中临毕业的学生都被提醒说，相比高中毕业生，大学毕业生一生能赚到的钱目前估计能高出 100 万美元。即使大学的"教育"角色只是这 100 万美元的小部分原因（我们已经看到，余下的原因来自于大学的"信号"价值），如果你是在花钱给同时提供了这两种价值的同一个大学机构，那么就无所谓它的哪个角色更重要了。因此，大学院校通过大肆宣扬这一人生增值机会，就能够提高注册人数、学费、政府资助及慈善捐赠。

我们明白了为什么高等院校会抗拒为减少雇主和招聘者对 GPA 和文凭的依靠做出努力，不让自己失去教育者和信号者的双重身份。事实上，各院校可能会以加倍的努力去阻止雇主们使用信誉评分（除了 GPA 以外还根据其他方面计算得出的评分），因为外部信誉评分通过抽取大学的信号价值而削弱大学的作用，从而威胁它的商业模式。大学院校能够侥幸收取如此高昂的费用却未受责难，部分原因在于它们是许多好工作的敲门砖，哪怕有很多学校并不真正教授那些工作所需的技能。虽然学生们抱怨学费高，但是今天 10 万美元的投资能给一生带来 100 万美元的回报，这显然是明智选择，只要没有其他更好的选择。但是信誉经济创造了更好的选择。

随着时间的推移，大学将不得不采取更有意义的方法进行评分和排名。有些学校——像斯坦福大学和麻省理工学院这样的往往出一些不以传统招聘体系运作的企业家的院校，正以传统考试成绩以外的标准评估学生；并且其他院校很快会紧跟其后，更多地测试越来越为雇主们所需的实用硬技术。

这并不是在说教育的未来会完全成为一个职业技术的世界，当然多才多艺的学生一般在工作和生活中都做得更好。哲学专业的学生将不得不展示一些其他技能——展示哲学背景之外学到的其他实用技能会很好地表明他们能够投入一个领域并努力学习。类似地，社交能力将越来越多地被评估到；毕竟，能给雇主们带来价值的关键之一是与同伴相处、团队合作及适当领导的能力。

由于数据分析越来越发达，雇主将很容易地获取并衡量这些领域的资历证明。你不需要去辅修计算机科学，但可以设想去参加一个顶尖的计算机科学 edX 课程并以极高荣誉从那儿获得一张证书——尽管大多数为自学而成。大量的好雇主将接受 edX 证书，并认为它跟一张州立大学辅修证书一样有意义。任何领域的证书都是如此——我们讨论过工程师们差不多将一家初创公司作为了资历证书，而其他领域的一份出色的新闻作品、一个商业课题研究或一次演讲都能够起到同样的作用。

因此，如果你是一名接受传统教育模式的学生或毕业生，那么要考虑投入一些专业领域之外的严格的课程。没有必要让所有课程都完全是与商业相关的（如果专业是市场营销，你仍旧应该参加英国文学、诗歌、外国语言及影视），我们只想说，引用《亨利八世》的名段或比较希腊哲学家的学说，对于雇主来说已经远不如以前那样有价值了。当然，随着信誉经济的发展，求职者将越来越以课程量的多样性和严谨性来评定。一个在一系列难度很大的课程中胜出的候选人会备受赞赏：一来她取得了成功，二来她有动力挑战自己去参加有难度的课程，雇主们会知道哪些课程有难度；现在就有 RateMyProfessors（一个数学评价网站）这样的网站给每个课程一个公开可见的难度分。同时，学术以外获得的经验变得越来越有价值。专业技术（比如计算机编程）会是首先被评分的；它们比"软技能"（比如管理能力和交往能力）更容易量化，连古板的雇主都相信专业技术是可以自学的。而后，学术之外的越来越多的软技能也将变得可测试化，让学生们也能够自学那些领域的东西。

即便如此，对大多数学生来说离开大学不见得是一个明智的决定。在文凭效应整个消失以前大学还有很长的路要走。连硅谷的企业家彼得·蒂尔——非传统教育的最佳发言人之一，创立了一项奖学金，为辍学创业的 24 名学生每人提供 10 万美元奖励——也减少了自己对大学的公开反对意见。世界顶尖学府——杜克大学、哈佛大学、斯坦福大学、麻省理工学院——很长时间内仍将是最佳赌注；它们仍是代表良好教育（以及宝贵的关系网）的极强信号，很多年都不会被取代。所以别指望这本书出来以后申请耶鲁和哈佛的人会急剧减少；和其他很多方面一样，前 1% 的学校都会找到办法让自己繁荣发展。

聪明的学生和求职者会将教育中的传统和非传统因素相结合。这不仅让你变成更有吸引力的职位候选人，它也更便宜，更实用。如果能够通过免费的或更便宜的在线教育学到课堂之外的专业技能（并获得这些技能的相关证明和证书），你或者可以更快地毕业（并且节约了学费，也省了不工作的机会成本），或者可以花更多时间专注于一些难以以在线考试衡量的软技能（团队合作、报告演说、创新能力等），或两者皆有。信誉经济让这一切变成可能，因为它没有了全面大学教育下的所有包袱，让衡量相关技能变得更容易。

例如，一些在线教育公司及组织已非常接近于呈现一套与传统学校相结合的全面课程。比如，一个学生可以利用在线教育服务学习MBA（工商管理硕士）的专业知识（比如会计、金融、统计），作为传统MBA课程专注的软技能（领导能力、团队合作、报告演说、管理能力）的补充。只要足够严谨，这些在线教育和传统教育相结合的课程同样具有证明价值；关键不在于高等教育会失去所有价值，而在于它不再是唯一的识别人才的方式。

不管处于哪个领域，你都能在可量化、可测试的领域学习尽可能多的东西从而强化自己的地位。最易测试的领域是自然科学和数学，其次是可数字化测试的专业技术以及其他职业技术。（已经有一种前列腺测试模拟装置，用来测试放射技术员的技能。它包括一个三维塑料组件和一个计算机软件，软件会模拟"病人"的反应，显示在旁边的电脑屏幕上——如果错过了前列腺的某个部区检查，电脑会给你一个低分；给虚拟病人施加过多的压力，他会大声抱怨。）商务专业学生和MBA学生最不可能经历自动化考试；他们也许会测试会计、服从、运营这些科目；但很多MBA课程涵盖的是软技能，比如谈判能力和领导能力，它们还没有很好地数字化。律师处在中间状态：目前已经有一种众所周知的公办资历考试，有些州允许人们在没有法律学位甚至没有上过法律学校的情况下也能参加律师资格考试。有些州则更加保护法律专业同行；他们会更严厉地打击太多学生不经过传统途径就进入这一行业。如果你是一名医生，这个消息是好是坏取决于你的视角：不管评分算法变得多么精准，还要很多年以后才会有州政府允许一名医生在没有医学学位的情况下实践医疗——不论这个人获得了多少分数或他多么有可能成为一个好医生。但这不意味着医生职业被免疫了——一旦进入实践，信誉评分、评级会极大地改变病人和相关参与者（保险公司和雇主）看待你的眼光。你再也不能依靠白大褂作为最终的资历证明，而是每天你的实际行动都被观察和衡量，也许还会带来意想不到的薪资。

整个故事的总结版是：在一个越来越多地由电脑预测你未来工作表现的世界里，能够展示你在实际技能上受到的教育，远比一个高分GPA和一张华丽羊皮纸发出的传统信号有价值。在"计算机做决定"的世界，获得尽可能多的可数字化、可量化、可衡量的资历证明对开创任何领域的成功事业将是至关重要的。

第 7 章

声誉信息获取的即时性

在信誉经济世界，像VIP一样生活

在信誉经济里，与他人或企业的大多数交往不仅影响你的信誉资本账目，还会即时地反映在你的信誉分数上面。来自老板的表扬会立刻提高分数；脸谱网上一条过激的评论会迅速降低分数。早上归还了一辆弄得脏兮兮的租赁车，那么下午租一间公寓的资格将受影响。下午做了一件意想不到的好事，那么晚上将被特别优待升级到头等舱，就似因果轮回一般（但真的可能只是计算机客观计算了你的行善分数然后一家公司毫不掩饰地将你的好心兑现了）。

信誉信息不仅变得更加瞬间可得，它也变得更加公开透明。这意味着不止计算机和企业能够瞬间获取关于你的实时信息，你自己也可以即刻获取正在交往的企业和人们的实时信誉数据。在一家餐厅，一个无礼的服务员、冰凉的主菜、误端给另一位客人的热啤酒都会与这家餐厅的信誉息息相关——而你将通过智能手机甚至智能眼镜立即查看到这些实时信息。

这是一个透明的世界，我们正好都生活其中。

瞬间更新，随时可用

Google Glass项目（对外行而言，就是一副带有微型显示屏并在镜框上装了摄像机的眼镜）的首批在线广告之一是个YouTube视频，该视频以第一人称演示了戴着Google Glass会度过怎样的一天。尽管具有科幻小说的性质——距眼球几厘米外有一个一直开启的显示屏，该广告想要表现的是使用Google Glass是一种正常而不张扬的体验。广告拍摄视角是一个Google Glass使用者戴着设备漫步穿梭在纽约市的一条街上。走着走着，他在视野内看到商业信息——比如附近的Strand书店（全球最大的二手书店）内部结构的地图——自动跳出来。当走过地铁入口，他看到地铁时间表的更新（他要乘坐的地铁线路暂时关闭了）。这些结果可以说是用来反映真实世界的"弹出式视频"——关于你身边一切事物的信息都正好出现在你的视野里。而且由该广告可知，所有这些数据来源是即时的：只要看一眼戴着的Google Glass，就能获取任何信息更新。

谢天谢地（至少在写这本书的时候），Google Glass 没能够成为主流，我们还没有变成一个全都戴着摄像机的电子人民族。不过重点是，几乎跟 Google 搜索引擎提供一切事物［从餐厅预订，到航班延迟，到 Gap（盖璞）的近期销售额等］的实时更新一样，信誉引擎也可以发送实时信誉更新到你的智能手机、平板电脑或其他任何移动 / 非移动设备。

随时获悉你的信誉资本账目

曾几何时，你是不可能在线查看自己的银行账户、信用卡账户或经纪人账户收支的——这在今天看来难以置信。事实上就在短短 10 年以前，尽管有月账单和季度账单，查看这期间的账户收支还是个令人头痛的大问题。在手机银行甚至网上银行时代以前，客户们如果想要知道账户收支或进行交易，就不得不跑到各实体银行点（当然，大多数银行的开放时间只有周一到周五的早上 9 点至下午 4 点）。而今天，大多数交易都可以穿着内衣在家中完成；我们只要在自己的智能手机上一点，就可以进行存款、查看账户收支、转账（我只需要给银行发一个短信就能即刻收到我的账户余额信息，全年无休；而且越来越多银行甚至能让客户通过对支票进行手机拍照实现存款）。事实上，美国第一资本金融银行（Capital One 360）和 Ally Bank 这样的银行已经很大程度

上脱离了整个实体银行点——美国第一资本金融银行经营着一些
"咖啡馆"（与其说银行，不如说更像咖啡馆，它不提供大多数银
行服务），而 Ally 只有公司办公室。

正如银行账户信息从更新不频繁、获取不便利的情况变成
更新及时且随时可获取的状态，信誉信息也即将发生同样的变
化。目前，信誉资本账目的计算困难且不便：它分散在各种各
样的来源中——你的信誉评分、驾驶记录、Airbnb 上的房东评分
等——它们更新的时间不同且具有不同的可见权限。信誉资本已
经能够获取和评估，但它还不是及时的、在线的，也不具有一个
便捷且易于解读的形式让手指一点就能得到。不过，这一切很快
会改变。

关于他人的信誉信息也是同样的情况。目前，将他人的信
誉集合成一张快照还是有些耗费时间——即使得到了允许。并
不是说还没有大量的信息流供使用，而是这些信息都散布于各
个来源，具有不同程度的可靠性、相关性、可获取性。我们需
要计算机以及足够的时间捕获到所有信息，然后建立一个人的
最终档案。

不过这一切也在迅速发生改变。首先，现在有大量的工具
为你提供及时、实时的关于周围人们的信息。当然，它是两面性
的。正如你可以获取他人的信息，任何想要获取你的信息的他人
也可以获取到你的信息。CNN（美国有线电视新闻网）及其他专

职新闻网的存在是有道理的：有些人喜欢源源不断的信息，而互联网非常热衷于提供它们。不同于迷上 CNN 或 CNBC（美国全国广播公司财经频道），你可能会迷上朋友、同事、老板、同学的数据——任何与你息息相关的群体的数据。而且正如你现在能够得到叙利亚战争的实时战况（或任何当今热点）、最新的股市下跌信息、红袜队比赛的分数等，很快你将能够得到其他人或事的实时信誉情况，他们也能够得到你的实时信誉情况。

举一个例子，Girls Around Me（窥探附近女孩的应用，已下架）这款应用会把近期在你附近的任一酒吧使用了脸谱网"签到"（check-in）功能的女子的列表发送到你的智能手机上。我们并非在说这种类型的 App 具有开创性甚至在社交上具有可取性；我们只想说明这种技术的存在。眼下这种 App 提供的信誉经济方面的信息还很少。比如，它也没有想要识别哪些女子看起来是适合的交往对象（不管是"真命夫人"还是"真命女友"），但是这些功能会设置在未来的版本中。出于网络中立的考虑，Grindr App（美国同性恋社交应用）提供类似的服务给一个男人寻找另一个男人；它添加人们的资料，但其他的信息还少得可怜。如果今后有"Grindr 2.0"——很大概率会有——它将是把一切信誉信息（从财富到 Grindr 伙伴给的满意度等）都添加进去的主要实践者之一。

其他 App 正以更具建设性的方式慢慢地填补信誉信息的缺

口。例如，MedXSafe App 能让用户（在彼此的许可下）一起"摇一摇"手机，然后即刻得到彼此的经过验证的性传播疾病检测结果（检测结果通过一个医生平台输入），这样就能让人们在发生关系前弄清潜在伴侣的健康状况。Strava App（测速应用软件）通过对比同一赛道的用时成绩，让用户们在跑步、骑自行车以及其他运动方面一较高下——周一你的朋友跑了山道，周二你想要打败他的成绩，这些都会记录在你的 iPhone 或 Android（安卓）设备上。排名在前面的跑步者或自行车手培养了一个信誉（包括分数和奖章），以此向他人炫耀——虽然原计划只是要在这个过程中变得更加健壮。

这些小型应用是一块踏脚石，它通往一个"获得某人的信息宝库只需一张智能手机照片（或只需用 Google Glass 摄像机看一眼）"的世界。面部识别技术（尤其在以位置、友邻或其他情况为导向的时候）正变得越来越强大，一旦与信誉经济式的数据分析相结合，将会带来意想不到的结果。试想当你走进一家汽车经销店，销售人员基于你的房产价值和你购入它的时间（通过面部识别和公开的财产记录），立刻知道你大致有多少财产。或者试想当你走进一间酒吧，三位异性立刻从你身边走开，原因是一条来自前约会对象的尖刻的在线评论让你的约会评分大跌。明白了吧，你的信誉会公开使用，瞬间被他人获取，不论你喜欢与否。

按需获取信息

新型信誉经济的即时性不意味着我们会不断地受到信息的狂轰滥炸；毕竟，仅仅因为存在着可以传递持续而瞬时的信息流的技术，并不意味着我们必须给予关注。大多数人并不会选择"你的老板今天早上提高了 2 分"或"你最喜欢的餐厅今天上午 11点半提供的汤凉了而丢了 1 分"这样的信息。重点在于，正如你的银行账户收支一样，信息会在幕后持续地更新，当你想要或需要它的时候就能获取到。

一条双行道

在信誉经济以前，关于企业的信誉信息主要是单向流动的，即流向消费者。比如，任何想要预订一家酒店、选择一家餐厅或寻找一家二手车经销商的个人都可以在 Yelp、Angie's List 或 TripAdvisor（猫途鹰）上找到该企业的信誉信息，但是一家当地的牛排餐厅是没有办法查看到走进门的顾客们的信息的。不过今天，随着 Airbnb、RelayRides（全球首家"对等"汽车共享服务网站）、Lyft（一款打车应用）这样的 P2P（个人对个人）服务的剧增，顾客和服务提供商都能够获得彼此的信誉信息。比如房屋共享服务 Airbnb，某种程度上它像酒店：屋主可以出租一间房屋、一套公寓、一个房间甚至一张床垫，按住几天计算。跟传统酒店一样，顾客们挑选一家房屋进行预订，之后他们能够对屋主以及住宿体验进行点评。关键突破在于，这些屋主跟传统酒店的管理人不一样，他们也可以对其入住客人进行点评。也许很长一段时间后当地的假日酒店才会对其客人发表在线点评，但是Airbnb及其他P2P服务越来越受欢迎，说明了我们将很快走向一个这样的世界：你，在作为酒店客人、餐厅顾客或公寓租客时得到的评分会公开化，会瞬间可得，并且如我们在前面章节了解到的——不可磨灭。

个人数字信誉评分既影响着个人又影响着企业的例子雨后春笋般出现。比如，Airbnb已经开始能让房东对租客在入住期间或入住尾声时是否保持房屋干净整洁、是否尊重他人、是否意气相投这些方面进行评分。随之而来的影响显而易见：Airbnb上具有良好数字信誉的潜在租客，之后很可能会享受到更低的价格、更低甚至不收取定金和保证金，以及其他特权。

企业间一直以来都共享秘密的（且有争议的）黑名单，但它们相对封闭。例如，众所周知拉斯韦加斯赌场安全部门保有一份禁止入内的顾客的名单，这些顾客被若干酒店拒之门外。但是这份名单从未共享或公之于众。然而，在被服务者和服务提供者之间的反馈都即时、公开、双向的世界里，一切都在改变。被Airbnb列入黑名单，那么其他服务可能也跟着这么做；对此公开抱怨的话，你的信誉可能进一步遭受影响。

同样的趋势出现在餐饮业。OpenTable——也许是美国最知名的餐厅预订工具——已经拦截了那些有太多失约记录的用户在其网站的预订。如果你进行了预订却没有如期而至，你可能要被餐厅标注为不良顾客。如果有太多这样的标注，你将被踢出门外，丧失一切预订特权。

但另一方面，双向流动的信誉信息可以带来许多利益。比如，试想你走进一家最爱的意式连锁餐馆。这是你第一次光临这家分店——事实上，这是你第一次来到这个城市。然而你在前台报出名字后，你和你的伙伴们就被直接护送到一张餐桌前（即使你从未预订），还有免费赠送的开胃菜。服务员念了一遍今天的特色菜，给你们提供了两个额外的素食选择（他怎么知道你最近不吃肉了？），并给你端上了免费的汽水（你的偏好）而非自来水。换句话说，你瞬间得到了 VIP 身份，因为你有一个"不吝啬小费且是忠诚顾客"的信誉；又因为餐厅能够轻松获得你以往的点餐记录（只要它们想知道），你的经历立即被转化为你的偏好。这是一个"信息单纯存在"的世界和一个"信息可以轻松获取"的世界的区别。在信誉经济以前，餐厅服务经理理论上能够弄清你上一顿美餐点了什么菜，但可能需要一系列的电话和许许多多的时间和精力。今天，那些信息存储在一个数据库中，服务经理能够即刻获取，只要他想——不过他只为那些信誉佳的顾客这么做。建立了作为顾客的好信誉，你将不止在一家餐厅得到优先待遇，其他地方也是如此。免费开胃菜、免费甜点、一个简单的肩部按摩等，都有可能。而显然好处只会给那些具有最佳数字信誉的人。

不论你是当地酒吧、一般连锁餐饮还是五星级餐厅的VIP，在今天的信誉经济里，如果你是某家店的最佳顾客，你会因此得到回报。看起来有些未来主义？已经有一款叫作Facedeals的应用，基于商家门口的面部识别工具，结合从脸谱网资料选取的图片信息，提供自定义打折信息——如果你是一名受优待的顾客，进门时会收到关于优惠信息的短信（如果不是受优待顾客则没有）。太吓人还是太有才？也许都有。而好多人都愿意享受VIP的感觉，哪怕以隐私为代价。

航空旅行行业早就按类似的VIP奖励体系操作了；而随着科技发展成就了更多的信誉信息共享，这一体系将要变得更加复杂。今天，任何经常旅行的商务旅客都是"飞行常客回馈计划"（至少一个，也许更多）的一员。

但是这些航空公司可不是真的好心才提供这些回馈计划的。这些计划至少有两个商业目标：鼓励忠诚度，以及识别出那些享受特殊待遇后带来更多（且更赚钱的）生意可能的顾客（尤其如果他们是公费差旅，平均支付会高于度假旅客）。这对航空公司以及奖励了免费机票、享有特殊身份的旅客来说是双赢的。

但这里往往又有矛盾：如果你是联合航空（United Airline）的市场总监，你如何吸引一位已是美国航空（American Airlines）"精英"会员的旅客呢？（根据我们接触到的登机广播，这些回馈计划看上去已经把稀有金属和宝石的名字都用完了）突然间，回馈计划变得失调了：一个重要的商务旅客可能对联合航空来说代表着 1 万美元的年收入，所以联合航空无疑有动力要将他从美国航空那儿挖过来。但是旅客没有动力更换航空公司：她已经从美国航空那里取得了"精英"登机特权，到联合航空却还得重新开始——回归到以一般度假旅客的身份登机，再也不能进入候机休息室？——不用了，多谢。

　　解决方案在于一个关于飞行常客计划的不可告人的秘密，叫作"身份匹配"。每家主要航空公司都有一个不同的政策，但是通常会彼此匹配精英会员身份，换句话说，如果你能表明自己在一家航空公司有足够高级的身份，通常就可能在另一家同行那儿至少获得临时精英会员身份。然而，就像拉斯韦加斯赌场的黑名单，匹配计划的规则——哪些航空公司有资格参与匹配，必须以何种等级的"精英"状态去匹配——还不是公开或透明的，它还频繁地变动。这也是问题本身的一部分：匹配越难以进行，旅客越需要忠诚，以便得到被匹配的利益。所以如果你是联合航空的市场总监，该如何识别并诱惑那些觉得在美国航空的身份还难以界定的人呢？

　　信誉经济为这个难题提供了答案。未来，航空公司将能够即刻明白哪些旅客可能是频繁出差的商务旅客，并主动以更优惠的价格和更高级的会员身份吸引他们。那么这些航空公司如何预测哪些旅客具有飞得更频繁且花费更高的潜力呢？通过编好的计算机算法，扫描顾客的数字足迹即可得出一些结论。领英的状态从"内部销售代表"变为"区域销售代表"也许足以说明了：顶尖的区域销售团队每年能飞成千上万英里。同样的还有从初级执行人员提升到高级执行人员，或者获得一份具有全球业务的新工作，这两者都可能赋予更多的差旅机会，以及更高的报销账单。Foursquare（基于用户地理信息的手机服务网站）上"签到"急剧增多或脸谱网状态来自全国不同城市，也许都足以预示你未来旅行增多，然后提示航空公司给你其他乘客无法享受的特殊身份和优惠。

　　随着信誉经济的成熟，企业会进一步完善他们的预测分析。他们不会简单地判断你的旅行可能性；第二代回馈计划会查看你对其他服务的"忠诚度"信誉，相应地对你的回馈做微调。例如，如果你在去上班的路上总是光临同一家咖啡店，如果你每个周五都会点同一道菜，如果你之前的三辆车都来自同一厂商，那么你会得到一个忠诚度高分，从而得到其他所有服务类型的青睐——至少开始时会的。消极的一面是，慢慢地你会发现最初的人气过后受到的服务水平和质量都下降了：毕竟，如果你那么忠诚的话，就不是需要被持续重视的对象。相反，如果你有一个忠诚度低分（常常尝试新的餐厅、没隔几年就购买不同品牌的新款车等等），没有一家精明的航空公司会投入大把精力引诱你，因为不太可能把你留住。但他们可能会提供一些小恩小惠——也许升级舱位，或者免费坐上提前航班——只要足以让你完成该项特定交易。在信誉经济中，这一切都可以瞬间发生：当你购买机票或办理登机时计算机会自动检查你的信誉，然后数秒间（不会比打印出一张登机牌或信用卡支付交易的时间久）决定你是否够格得到这些优惠。无须申请表、面试或私人调查，一切都在眨眼间完成。这些信息也可以眨眼间更新——早上得到升职，也许下午的航班舱位就升级了，甚至可能在你的家人知道这个好消息之前。（零售连锁商塔吉特就曾经这么戏剧性地"出卖"了某人：他们送了一套"恭喜你怀孕"的优惠券给一位十几岁的准妈妈，而这位年轻妈妈还没告诉家人这个消息呢。）

当然，航空公司不会是唯一实行这类计划的行业。银行、连锁酒店、汽车经销商、房地产公司——任何想要抢到你这笔生意的商家——都会投入更多精力查看、分析你的信誉分数，以金字塔一般的方式决定给你提供什么样的特权、精选和优惠，以及你都不会意识到正在被你忽略的东西。

所以，如果你想捞到尽可能多的特权，就要保持在线资料的更新，保持它的准确性。想要造假旅行"签到"很难（大多数网站通过全球定位系统或其他技术验证你的位置），想要公开你的旅行情况却很容易（最好在你回来之后公开，免得引来窃贼）。不要羞于在机场和目的地签到；要炫耀你的"马路勇士"身份，务必让互联网知道你是下一个"在云端"（Up in the Air）的人。①更通常的情况，将你的升职消息公布于众——并不是只有航空公司在寻找贵客。在领英或其他职业网站及时更新好消息，确保你的上升弧线能被他们看到。而且，公开你要购买的东西也没什么错；可以考虑发些微博，像"想要换辆新的SUV（运动型多用途汽车），在考虑@BMWUSA（宝马）或@MBUSA（奔驰），谁买过？"或"想要换成私营银行，有没有推荐的？"虽然这些公共言论根本不能保证多少回复建议，却有可能吸引计算机的注意；这些计算机正在寻找能够欣然接受一笔好买卖的人。最好，明确表明你还在观望中——如果你已经选定一个品牌了，他们就没有理由接近你了。

另一条妙计是，夸赞你真正喜爱的品牌。如果某个品牌让你有很好的体验，那就发微博或者写到脸谱网上："今天@BofA_Help（美国银行）的服务太棒了——我不会弄直接存款申请表，经理辛迪10分钟内就搞定了。"对你喜爱的产品也同样："超爱我的#新车，时速100英里（约160.93千米）#全电动但

---

① 指电影《在云端》，其中乔治·克鲁尼扮演的角色即是经常坐飞机辗转各地。——译者注

操控感像跑车。"对喜爱的事物都持有积极态度并公开表明，这会给你一个"有社交影响力"的声誉——然后那些品牌会留着口水想要做你这笔生意，尤其如果你还有大批的粉丝。如果一家航空公司看到你在夸耀你的银行，他们也许希望从你那儿得到类似的赞美，如果他们能够以特殊优惠和休息室特权诱惑到你的话。

如何成为优质借款人？

大多数主要信用卡公司提供的服务还停留在信誉经济以前的风格：他们给你一个固定的信用额度，它能让客户随时保持一定的账户收支平衡。大多数信用卡发行方不会频繁地调整最高限额：只有当使用者未能偿还债务，或要求增加额度，或定期（年度或半年度）审查的时候才可能调整。

相反，美国运通公司一直以来宣传的是运通卡持有者没有固定的信用额度。当然，这不意味着你可以在今天申请了一张运通卡后，明天就刷一辆宾利；"不固定限额"不表示"不限定"。大多数信用卡公司在决定收取费用时只看你的信用额度和近期偿还记录；如果你超过了限额但近期大体有偿还债务，那么他们可能仍会允许你交易（但是他们可能会收取 20~50 美元不等的费用作为超额使用费）。但是美国运通并不是根据你是否达到限额来决定是否授权交易，而是通过精妙的计算机算法分析每一笔具体交易，依据是持卡人的历史记录、近期交易情况、在进行了类似交易的其他持卡人身上的经验教训、市场趋势以及其他数据——换句话说，它试图根据你的信誉以及先于你的那些人的行为，对你的信用做出决定。如果计算机认为美国运通很可能会得到偿还，它将允许交易；如果亮起了红色预警，它可能会拒绝这笔交易或要求人工核查。大多数人对这个系统表示满意——大体上看来，大多数交易是不会有问题的。但是许多人面对的风险是，信誉上有一个重大打击就会导致他们的财务支撑崩塌：不小心超过了信用额度，一瞬间美国运通和其他贷方公司充了电一般，将一个小小的障碍变成成堆的麻烦。

美国运通的模式代表了信用卡的未来。在旧的模式下，信用额度是几年前就设定的——往往追溯到你开户的时候，它决定了你会得到多少借贷。但在信誉经济中，信用额度不断地、即时地更新。升职了？你的信用额度马上会增加。工作中拿下一个重要客户？一样：即使赢得主要客户并不会直接赢得升职或奖金，却足以证明你有极大的潜力通向成功之路，所以信誉引擎会将这个信息计算在内。贷方公司和信用卡公司会分析这些数据，然后提供更多的信用额度和更多的积分奖励给事业向上发展的人——这样他们得到了竞争优势，而把那些事业上停滞不前的消费者留给了其他同行。

不幸的是，信用卡的这一效应同样也会作用在负面事件上。

在脸谱网上发布了冒犯老板的评论吗？虽然没有信用卡公司会承认他们将这一信息计算在内，但你能看到，它可能轻易地被当成减少你的信用额度的理由：如果你被解雇了，任何没有立即减少你的信用额度的信用卡公司将摊上大量的欠债，因为你突然没有还债能力了。的确，大多数伤人的评论并不会导致工作上的纪律处罚，但它们仍是风险增加的信号：你可能会受到其他行为的影响以至于直接丢了工作，或者也许你不满当前的工作而辞职了。当然，关键不在于在脸谱网上抨击老板是否会导致失业，而在于信用卡公司——还有银行、贷款公司及任何其他机构——能够轻易地即刻获取到你所有的在线活动记录，将它作为准则来决定提供借贷与否。更糟的是，结果将是自动化的。显然不会有挤满了办公室的美国运通员工在那里检查每一条脸谱网评论。这些工作都是计算机在做；这些计算机没有幽默感，不知道语境的概念，没有同情心，它们自动扫描信息并得出一份"感性分析"（计算机猜想一段文本在感情色彩上是正面的还是负面的），然后形成一个分数。

其他影响你的财务状况的重要决定也是在瞬间做出的，而且完全自动化，比如在线支付。在线支付公司PayPal（贝宝）刚开始那些年，因欺诈指控导致的花费每月超过 1 000 万美元，而在此期间它每月来自手续费的总收入都不到 500 万美元。换句话说，PayPal在用户欺诈交易上亏钱的速度是它赚钱速度的两倍。

公司仅从欺诈交易数量而言就濒临破产。

鉴于此，PayPal的一个团队建立了一个计算机网络，它能够分析每一笔交易，根据对交易是否为欺诈的分析来拦截或拒绝每一笔可疑交易。系统将数千种因素考虑在内——从交易的规模，到付款方和收款方的IP地址，到同一时间其他进行中的交易的数量和相似性（发生在看似不相关的账户间）等。同时，另一层计算机分析了各组交易来判定任一特定账户是否可能是用来进行欺诈交易的，或者判定诈骗犯们是否试图以批量的合法交易隐藏欺诈交易。数秒内，计算机能够自动拒绝单笔交易或者关闭整个账户，有些情况下限制提取资金的权限而完全无须人类干预。

这一体系成功地阻止了差点毁掉PayPal的有组织的欺诈行为，但是有一个代价。商户和个人开始抱怨：系统关闭了他们的合法账户，冻结了重要的资金流动。一些账户被错误地禁止的用户反映说，联系PayPal的"人类"员工进行申诉简直是徒劳。在信誉经济中，诸如此类的决定在瞬间自动做出，一旦决定，往往无法逆转。

利用计算机"瞬时做决定"的力量来管理重要交易的公司远不只PayPal。比如短期贷款机构，特别是"工资日"贷款提供者，他们在没有任何担保的情况下就提供借贷（不同于典当贷款或汽车产权贷款）。那些使用工资日贷款服务的人顾名思义不是传统借贷的对象；他们一般都处在入不敷出的边缘，因而努力维持开支，直到下一笔工资到账。

大多数借款人会走进一家工资日贷款店铺，向柜台员工出示工资条；柜台员工给你贷款，少则 50 美元，多则 1 000 美元。不会被问到很多问题；申请表格往往只要一页纸，贷款协议也不过多几页而已。特别是最近，很多工资日贷款将同样的流程搬到了网上。几乎人人都有资格贷款，但是借款利率会让银行家尴尬。人们对此颇有争议，但它是一个巨大的市场，它在 2000 年末到 2010 年初金融状况下滑的期间急剧扩张。

工资日贷款有效地满足了人们的需求——他们想要一种贷款，正好是介于银行贷款（贷款通常由个人银行家自行决定，因而易受偏见影响）和高利贷（通常不可告人且由犯罪组织操控）之间的。但是工资日贷款提供者面临一个代价很高的问题：他们几乎愿意借钱给所有客户，因而带来了高违约率。例如，最大的工资日贷款提供者之一 Cash America 每年发放约 30 亿美元贷款，但流失超过 2.25 亿美元，来自所谓的"客户丢失"——这只是个好听的说法，其实就是借债人借了钱却再也没有归还。美国政府发起的一项报告发现，平均 15% 的工资日贷款都没有得到偿还，在一些市场，这个比例还要高。

2006 年，英国企业家埃罗尔 · 丹姆林（Errol DameLin）和乔恩迪 · 赫维茨（Jonty Hurwitz）看到损失率 15% 这一数字，就想："我们能做得更好。"他们想要通过计算机（而非银行家）

分析短期贷款人的信誉并确定哪些人最有可能偿还债务，从而把银行的精准度和工资日贷款的快速便捷结合到一起。

　　丹姆林和赫维茨提出，利用计算机选出最优质的贷款人，贷款提供方就能够减少他们的花费，提供更低的利率和更好的客户服务，还能够比传统的工资日贷款提供者赚到更多的钱。于是他们着手写出一个数学公式，通过分析数以千计的数据点（据说包括住房信息、网上搜索客户姓名，也许还有家谱数据库）并与之前按时偿债或未能偿债的人进行比较，从而预测出谁会偿还债务，谁会拖欠债务。

　　丹姆林和赫维茨认为，为这样一个事业募集资金会很容易，尤其他们已经是成功的企业家了。但讽刺的是，传统银行对他们嗤之以鼻，就跟曾经对工资日贷款者的态度一样。最终，他们找到了资金来源，并建立了公司Wonga。几分钟内，第一个客户申请了贷款，而一周内，一个客户违约了。换句话说，仅在7天之内他们就发现他们的算法远远不够完美，且付出金钱上的代价买了次教训。然而他们没有放弃。日复一日，从这些失败中汲取经验，他们的算法渐渐地改良优化，Wonga模式也开始得到回报。如今，Wonga的算法会拒绝2/3的申请者，它的损失率在10%以下——仍然比银行贷款的损失率高，但是比短期借贷行业15%的标准低了33%。与之矛盾的是，Wonga表示，客户对他们更满意；他们说，使用过多种短期贷款服务的客户有91%都表示更喜欢Wonga。

Wonga的成功还有一个结论：没有像Wonga一样使用数据驱动方式的工资日贷款提供者面临着更高的代价。Wonga能够挑选"优良"的更有可能偿债的借款人，把不优良的借款人留给了传统的工资日贷款提供者。随着Wonga把工资日贷款市场上端的奶油一层一层撇去，传统的工资日贷款提供者将不得不把利息设得越来越高，以应对越来越劣质的贷款申请人。随之而来的是恶性循环：贷款提供者收取的利息越高，借款人约会首先选择Wonga，留给传统工资日贷款提供者的优质借款人就越少，导致传统工资日贷款提供者不得不再次提高利率。最终结果也许正如我们所料的，工资日贷款可能会被信誉经济为基础、按每个借款人自定义化的借贷方式所取代。

随着类似的可预测性模式变得更加精妙，它们也变得更难以愚弄。鉴于有损失大笔钱的风险，很多贷方会寻找理由否定你的资格，而不是寻找理由借钱给你。所以，正如为了其他的信誉评分一样，要避免与老板公开发生口角，避免其他任何有可能暗示你将辞职或被炒的行为。还有，要记住，银行和其他贷方会查看你的朋友的情况，以决定你会成为何种程度的风险，所以如果你正处于努力获取一笔高额贷款（比如房贷）的过程中，要避免不必要地公开你和任何一个最近宣告破产或被取消抵押品赎回权的人的关系。虽然会有见利忘义的可能，但不妨将一些最近获得了意外之财或得到大幅升迁的人添加为朋友。你越能在计算机面前呈现出自己与经济富有的人的亲近关系，你得到的评分就可能越高。

不可靠的即时性

坦率地说，基于实时信誉分数进行赏罚的体系都会起到非常好的效果——除了有些时候。换言之，大多数时候，值得信赖又负责任的行为会让信誉分数瞬间提升，而那些值得信赖又负责任的人也会得到回报：财务上的特权、特殊优惠、即时 VIP 身份及其他由他们的身份带来的首选机会。唯一的问题在于，不管是由于计算机算法的一个故障，还是获取了错误的信息，有时候这一体系会失去控制。而由于我们的数字足迹是那么恒久，所以一旦发生这种情况，你几乎无力改变它。

网上的"谣言工厂"不是什么新鲜事物了。每次只要有全国性悲剧发生，数不清的人会冲到电脑前，开始在他们的博客、脸谱网、推特上大胆猜测悲剧的原因。很快，有些猜测被当成事实一样重复——现在它们常常是来自于有声望的传统新闻媒体，因其唯恐独家新闻被博客和微博上的人捷足先登——而且成为了更大胆的猜测的原料。一切围绕着它们步步发展，直到故事完全被扭曲。但往往是几天以后直到乱成一团的谎言之网已被揭穿之时真相才最终浮出水面。

举一个例子，2013 年波士顿马拉松爆炸案发生之后，一批在线评论者就猜测，投弹者是两位赛跑选手，因为有人看到他们拿着背包在终点线附近出现。于是全美国成千上万的人们开始从其他照片中找出这两位选手，引发了对他俩的追踪热潮。人们甚至将一个名字与其中一人联系起来：苏尼尔·特里帕蒂（Sunil Tripathi），一位从学校请假的布朗大学的学生。不久后，网上莫名其妙出现谣言说苏尼尔·特里帕蒂"已经被确认为警方追捕对象"，很快地，成千的网上业余侦探们给苏尼尔·特里帕蒂和他的"同谋"建立档案，在照片中追溯他们的行动，并推测他们的动机。最初的问题——苏尼尔·特里帕蒂真的是嫌疑犯吗？——未曾得出结论性答案，却迷失在"苏尼尔·特里帕蒂在哪儿？"和"为什么苏尼尔·特里帕蒂要这么做？"这些问题中。

对苏尼尔·特里帕蒂的在线搜索不断升温，失去了控制，一些正义捍卫者甚至给他父母家里打电话。当然，后来来自车臣的兄弟俩塔梅尔兰·查尔纳耶夫（Tamerlan Tsarnaev）和焦哈尔·查尔纳耶夫（Dzhokhar Tsarnaev）被确定是真正的嫌疑犯；在一场枪击战和大规模全城搜捕之后，紧接着焦哈尔被缉获，之后向警察招供罪状（塔梅尔兰因试图逃跑而被击中身亡）。悲剧性结尾是，一周后，苏尼尔·特里帕蒂的尸体在普罗维登斯河中被发现，可能为自杀。

当然，这是一个极端例子，它说明了网上谣言的快速扩散如何瞬间毁掉一个无辜者的信誉。虽然大多数在线谣言不会涉及如此戏剧化的事件或具有如此悲剧性的后果，但是谣言扩散和升级的机制是不变的：最初的猜测导致一些错误信息被当成事实接受，形成进一步（错误）猜测的基础，每一个自我延续的循环让真相变得越来越扭曲。当然，谣言一向如此，但在一个信息——甚至错误信息——能够瞬间为公众所用的世界里，情况变得严重得多。

在信誉经济中，关于你的错误信息会在眨眼间扩散，会耗尽你的信誉银行账户——甚至在你知道收支表上有个错误之前。更糟的是，在"计算机做决定"的世界，错误信息或误导信息发挥作用的机会要多得多；正如我们所知，不管计算机多么精妙，在某些方面它永远无法取代活生生的呼吸着的人类。比如，第1章和第3章讨论过的，今天大多数金融承保决策（比如是否发放一笔房贷或一张新的信用卡）的根据是你在财务方面做过什么：最常见的FICO分数的计算是基于你是否始终如一地支付账单、今天还有多少债务未还清等情况。这些都是有理有据的，是客观而且容易验证的事实，通常不会受到误解或错误的影响：你有没有按时支付账单？你还欠多少钱？诸如此类。但是在信誉经济里，金融承保将基于对你未来财务状况的预测，因而是以更主观、更复杂且容易误解的一系列因素为基础：你展现了职业前途吗？你容易被他人愚弄或受他人要挟吗？你与朋友相处中值得信任吗？你是否有道德素养，让你更有可能偿还债务呢？

风险在于，这些因素不仅没有传统信用承保中的因素那么客观，它们还容易受到类似于不良谣言那样自我强化的循环的影响。比如，信誉经济中，潜在贷方会找出关于你的事业前景的最实时信息。所以，如果你是一家成长型公司的冉冉升起之星，你可能会得到很低的贷款利率，即使你目前还没有赚很多钱，也没有很长的信用历史。听起来很不错是吗？但是要知道，这些预测常常是基于非常主观的站不住脚的数据：某些输入数据中的一个很小的错误——比如一位脾气古怪、满腹牢骚的员工发了条微博，被误读成你的公司或部门有麻烦了（而事实不是）——都可能快速动摇承保商对你的职业前景的信心，于是突然间你的利率急速飙升。从贷方的角度考虑：即使在一个不错的市场中，贷方每年在一笔贷款上也只能赚到很少的百分比，而一次违约就会让他们损失掉这笔贷款的100%。换句话说，对一个贷方来说，负的风险远比正的利润大。受惊的贷款机构一旦看到任何麻烦迹象，就会拉回资金或提高利率，即使后来发现是虚惊一场。

在信誉评分既公开又透明的世界里，这一问题被放大了，因为信誉上的污点伤害的不仅是你在一个贷方那里的地位；今天的信誉经济里，贷款机构和银行越来越多地将"群众智慧"应用到他们的承保决定中。的确，群众智慧体现的某些好处已经很好地反映出来了（目前为止，许多人都听过这个老套的故事：集市上有一场比赛，要求大家猜出一头牛的重量，一群专家都猜不出，而最准确的猜测竟来自于将几百个随机过路人的猜想进行平均）。但如果群众蜂拥而至呢？

换句话说，问题来了，所有跟你有关的不同企业和个人——从想要核实你是否是称心如意的租客的房东，到考虑是否砸钱到你的副业中的投资人，再到想知道你是否是个对财务负责任的员工的潜在雇主（看到我们如何兜回原处了吧？）——都求助于第一个贷方获取信息。一个自我延续的恶性循环也许很快建立起来。或者设想一下，如果一家像Zipcar（美国的网上租车公司）这样的租车服务、像Airbnb这样的P2P租房服务，还有你的银行，都从彼此那儿寻求顾客信息，那会怎么样？ Zipcar有理由查看潜在租客在Airbnb的P2P租房资料，用来判断某个租客是否会彬彬有礼，是否守时，是否值得信任——毕竟，不好好对待一间租来的公寓的人有更多可能性不会好好对待租来的车辆。反之亦然：Airbnb有动力找出潜在租客是否爱干净，是否爱护租来的车辆。这都不错，但是如果两者都只指望从对方那里获悉信誉评分，一个自我强化的循环将迅速建立：一个用户在Zipcar的评分下降了，那么他的Airbnb评分也将下降，紧接着他的Zipcar评分又下降，然后Airbnb评分也下降……你知道怎么回事了。那么如果你的银行或财务承保商看了同一数据后会发生什么：一笔贷款可能在一夜之间消失。

将这种反馈式循环跟传统FICO信用评分做个比较。不管是好是坏，FICO风格的信用评分是严格管理并中心化的。在FICO评分中没有自我延续的偏见；没有一家信用局的评分会以其他信用局的评分为依据。而且，尽管缺点不少，FICO风格的信用评分至少提供纠正错误的途径：我们只有三家收集信用信息的信用局，根据法律规定，每家都必须提供消费者纠正错误的途径。并不是每个被FICO评分弄错了分数的人都能够舒口气了，而是很多消费者能够在出现错误时将其改正；这一缓慢运作的体系能保护他们的信誉，使其免受不可弥补的伤害。

为了保护你自己，要警惕生活中可能被评分的所有领域。没有多久之前，如果你把一间酒店客房变成了垃圾房，你可能会被酒店管理人员重重罚款且今后不得入住，但除此之外感觉不到什么别的影响。在全新的信誉经济中，生活中某一领域的一个错误决定——比如把一间酒店客房搞得一团糟——会影响到生活中的许多其他领域（你会因此得到一个评分，这个评分可能也影响了你的财务评分和其他评分）。很平常的过失也是同样的道理。甚至很小的事情——比如与Airbnb上一个房东意见不合或一笔eBay交易发生争议——都会升级为影响各个方面评分的大事。不要让此类问题升级：如果你与他人发生争执，收起你的骄傲，在问题回头缠着你之前把它解决好。

同样重要的是，要监督你的数据，尽可能警惕错误的发生。计算机常常会犯的不幸错误是它不知道两个姓名相同的人之间的区别，所以要监督你搜索到的结果和评分并找出其中的错误，这是能够在错误变成永久数字信誉的一部分以前就逮住它们的唯一办法。如果你发现一个错误（这里我们所说的"错误"表示真正的错误，比如你其实不在那儿，或你的名字被搞混了），那么立即采取措施纠正它，还要解释那是计算机的错误——不光表明你不同意添加该信息或对其有别的看法。

毕竟，在信誉像金钱一样有价值的世界里，值得花时间、花精力去监督它，就像你会花时间和精力监督你的银行账户和其他任何资产一样。

第 8 章

声誉信息的
可移植性

美职篮明星会是好保姆吗?

勒布朗·詹姆斯获得一个篮球比赛技能方面的声誉完全不是难事。任何体育迷都知道他的名字，任何团队侦察员都清楚地知道他作为篮球运动员的很多优势。就连许多不追美职篮的人都知道他是科比时代之后的头号选手之一。不需要通过高级的计算机就能知道，勒布朗不论在哪个环境下打球——木地板上、柏油路上还是蹦床上，他几乎都能干掉任何对手。

但是，当面对一个截然不同的问题时，美职篮冠军戒指、MVP（最有价值球员）奖杯、年度新秀奖都变得毫不相关了：你应该信任勒布朗，让他去照看你的小孩吗？当然，如果认为你能够从篮球技能推测出照看孩子的技能，那简直是笑话；一个领域（篮球）的技能与另一个领域（临时照看小孩）的技能不一定具有相关性。所以，人们该如何根据某人在一个完全不同的领域的声誉去判断他在另一个领域的技能呢？

还是继续讨论这个（有意举出的）荒谬的例子吧。面对是否雇用勒布朗为临时保姆这个选择，有些人会开始查看篮球场以外的表明他是否合格的其他迹象：比如他自己有两个孩子，他在他的教练弗兰克·沃克的大家庭中长大的那几年有跟小孩接触的经历，他无比富有（所以如果他陷入了困境，很可能有一个随叫随到的助理去查看怎么解决问题），诸如此类。这些数据要想作为样本还是极其有限的；现实中，也很少有人会根据那些信息雇用一位保姆。但在信誉经济以前，实在没有办法让大多数人知道更多的信息：大多数人所知道的全部信息就是勒布朗是世界顶尖篮球运动员之一，而谷歌搜索后出现的结果也都是一页页的篮球数据和篮球新闻。

但是想象一个这样的世界：我们有可能在眨眼间就知道，勒布朗·詹姆斯和他在迈阿密时的队友克里斯·波什谁能成为更好的临时保姆；或者反过来，知道街头那个被你雇用照看孩子的青年长大后会不会变成美职篮明星；或者知道如何利用你在一个领域（比如音乐）的成就，到另一个领域（比如会计）获取一份工作，不论那些成就在哪里发生，也不论它们看起来多么互不关联。

信誉经济会将这种可移植性带到信誉中：今天你在某个技术

领域、某家公司或世界的某个地方所做的事，将累积成生活各个领域的利益。你在一个领域的声誉会溢出到其他领域。声誉至少将在三个方面变得"可移植"。第一，一个领域（比如广告）的技能声誉会自动作为相关领域（比如社交媒体广告）技能的证据。第二，再也不会发生"在一个职位辛劳多年后，当要换工作时你的技能和贡献都不被认可"这样的事，声誉将从一个工作移植到另一个崭新的工作。第三，关于技能和资质的信息也将在不同领域间移植。

跨技能移植

信誉经济就是当只有有限的二手信息的情况下，利用数据帮助人们做出决定和预测。比如你想要雇一位新的保姆，你可能从未见过此人照看小孩；你的孩子可能与众不同，于他而言是一个独一无二的挑战。所以你没有办法直接知道这个人到底能把孩子们照顾得多好（而这个保姆也不知道你的孩子是上帝派来的天使还是小恶魔）。你不得不依赖相关技能：这位保姆候选人是不是大体品貌兼优？有没有与他人小孩相处的经历？什么教育程度？你心里有数了。信誉经济会利用数据更深地关注哪些技能相关，哪些不相关。由此，人们将能够在只有很少二手或三手信息可利用的情况下得出更聪明的结论，做出更好的决定。

再回到詹姆斯先生，众所周知他是位有天赋的全能运动员，从常识来看他在篮球方面的高超技艺意味着他很可能在类似的体育项目中超过或至少比一般人厉害多了。那么他有多厉害呢？他会是一位高于平均水平的橄榄球运动员吗？（几乎可以肯定；曾经有关于他是应该加入美职篮还是橄榄球联盟的讨论。）足球运动员呢？（也许会，他的敏捷度、耐力、场上风度很可能转化到足球比赛中。）体操运动员？（也许不行，他的体型不像大多数男体操运动员那样，而且他太高了。）

其实我们再也不需要用猜的了，已经有一门数字驱动的科学，它根据一些简单的特征（肌纤维收缩快慢混合类型、反应能力、惯用手、惯用眼），预测一名运动员会擅长哪些体育运动。比如，一个具有更多快肌纤维、更好反应能力、交叉惯用眼（比如，惯用右手且惯用左眼）的运动员，可能会擅长网球或棒球。相反，其他反应能力差一些但是有氧代谢能力（心肺功能）很好的运动员有可能成为强壮的长跑运动员或马拉松选手。

这门科学让招募职业运动员的人能够更加精准地估计运动员在各种体育项目以及不同水平的比赛中的表现（至少，该科学想要面向职业联盟和国家奥林匹克项目，但是它也让想要往上爬的家长们痴迷不已。一家名为Sport X Factor的公司主要向家长们售卖一种基因测试，能确定他们的孩子的肌纤维收缩快慢类型；还有无数的青年运动评估设施在富人区涌现）。诚然，它的市场还很受限，但是在信誉经济中我们有可能在运动以外的世界利用这类分析，去预测其他类型的技能有多少重叠，有多少是从一个领域溢出到了另一个领域。有许多新闻报道过的一种相关性是，在小的时候学习过音乐的学生，"一般"会比没有接触过音乐的学生更擅长数学。（当然，"一般"是指在大样本的情况下。有可能你的侄子经常参加数学竞赛，但是个音乐盲；或者有可能世界上大多数有音乐天赋的人都通不过一个简单的加法测试。但是如果你不得不选一位高中生帮你做一道数学题，那么选择附近扛着大提琴或单簧管的人至少从概率上讲是个正确决定。）

不难理解，如果有一种方法能做出这种预测——一个人擅长某件事，是否有可能擅长其他的事——将是极具吸引力的。例如，一位雇主想要招聘一人担任一个入门级别的职位，该职位需要数学背景、客户服务能力以及领导力——比如商店营业员，需要在服务很多顾客的同时快速计算出找零多少。大多数求职者并不会有很多相关经验，这是招聘首次参加工作的人时面临的最大挑战之一。这是典型的"先有鸡还是先有蛋"的问题：雇主们想要有经验的人，但是没有雇主愿意雇用一个没有经验的人并给他那些经验。

为了解决这一问题，雇主们需要一个方法，能确定哪些求职者尽管没有类似工作经验但仍有可能取得成功。如果一个雇主愿意冒险雇用一个未经考验的候选人，该雇主必须像家长雇用新保姆一样，在没有一手经验支持的情况下找到方法区分最好和最坏的人选。行为面试以及模拟真实工作情况的面试具有一定有效性。但是就如我们所言，在 10 个工作职位会带来数千份申请的时代，没有缩减范围之前对每一个候选人都进行模拟测试代价将是无比昂贵的。

因此雇主们需要一些方法，要能够从数以千计的候选人中精选出最有前途的。于是，那些运用在运动员身上的数据分析方法可以一展身手了。聪明的雇主会关注那些在其他领域展示了一定技能的候选人（大学或高中活动中的领导身份、前一份工作取得的成功）。但是，如何知道哪些技能是与雇主所需要的技能最相关的呢？运用算法，看一看具有相同特征的人以往做得怎么样。比如，如果所有具有会计经验的前员工曾在工作中取得成功，那么可以打赌，一张会计证书会是加分条件。

以纽约律师马丁·利普顿（Martin Lipton）为例。同为律师的读者们应该都知道利普顿的名字，但是大多数读者并不知道它。这是关键的一部分。如果你身处法律公司或大型企业集团，你知道他是位名人律师。著名律师事务所 Wachtell, Lipton, Rosen & Katz 中的"Lipton"就是他。他发明了进行企业交易的新方法，包括公司法情境下的"毒丸"（poison pill）。

当然，他是位非常出色的律师。但大多数人如果雇用利普顿的话，不会是为了他的律师技能。利普顿自己服务了数百个客户，简单的数学就能算出，他只会在最重要的客户身上多花几小时。而他雇用的年轻律师们做了大部分的工作。换句话说，雇用利普顿不只因为他的律师信誉，也因为，那些让他获得优秀律师信誉的特征也让他成为一位优秀的招聘人和管理人。这种论断几乎自然体现：知道他是一位优秀律师的人越多，资历出色的年轻律师越会想跟他一起工作。但是故事还没完，雇用了利普顿的人极有理由认为，他在法律方面的技能如此之高，以至于他肯定也擅长招聘和管理。

类似地，很多人会信任利普顿先生在纯粹法律问题之外的其他问题上的意见。他必须至少比平均的法律技能高出 2 到 3 的标准差，那么可以假设他在其他很多技能上面也比平均水平高（正如勒布朗·詹姆斯在篮球方面都超乎一般地好于其他每一个人，人们认为勒布朗在橄榄球或足球方面肯定至少比平均水平好）。鉴于此可能性，很多人都向他咨询广泛的商业和道德问题——从某个候选人是否是合适的首席执行官人选，到如何处理与国外政府官员的微妙关系。

但是，问题来了：他的知识的可移植性会到什么程度呢？他也是计算机修理方面的专家吗？他会是可以寻求情感建议或宗教慰藉的合适对象吗？你想让他加入你的篮球队吗？

在信誉经济以前，你没有办法知道。但很快你将有可能查找马丁·利普顿这个人（及数以千计的其他专业人员）并瞬间回答这些问题。

不要忘了，信誉引擎就像搜索引擎似的，能够聚合一个人在多个领域的评分，快速提供一个总评分。也许某个信誉引擎侧重于法律技能，比如一名律师辩护了多少案件、赢得了多少场棘手案件、帮助达成了多少艰难的交易。而另一个信誉引擎聚合不同领域的评分：也许基于某人社交网络人际关系的规模和力量，给他一个友谊评分；基于在一家慈善垒球联盟的成员身份以及对其他社会团体进行捐赠的频率，给他一个慈善评分；也许还根据婚姻年限、离婚次数、出轨事件等等，给他一个感情评分。

确定了哪些领域是相关的，就能抓住信誉经济世界的巨大价值。而这就是为什么下一代的声誉引擎很快会消除对"勒布朗·詹姆斯能否成为好保姆"进行猜测的必要性；有声誉评分（如果没有，可以计算出来）告诉你答案。

跨好友移植

如果说信誉经济的基础是在有限的信息下做出艰难的决定，那么最有争议的方式是通过你的好友来判定你。毕竟，朋友的行为中有很多信息：人们通常（不总是，但经常）与相似的人交往，你们习惯相似，对许多问题的看法都相似。如果在你身上没有足够的信息用来做出决定（发放一笔贷款、提供一份工作、委托管理有价值的财产），那么可以考虑你的好友的信誉。从某种程度上说，这是信誉的可移植性的终极形式：不止你自己的信誉会跨不同专业和情境进行评估，你的好友们的信誉也会被评估。

第 3 章提到的弗雷明汉心脏研究，就是最早想要找出同伴影响力证据的研究之一。你也许还记得，该研究分析了 30 年的健康记录并发现，参与研究的人中如果某人体重增加，他的朋友和家庭成员变肥胖的可能性更大。

事实证明，你的财务状况也跟你好友的财务状况联系起来；你的好友们拖欠债务的频率越高，你拖欠债务的可能性也就越大。1997 年的一项研究指出，一半申请破产的人首先想到个人破产，是朋友或亲戚提出的办法。宾夕法尼亚大学的一项研究披露，越多好友申请了破产，你越有可能也这么做——甚至在矫正了人们倾向于结交同样富裕或同样贫穷的朋友这一因素之后。密歇根大学和芝加哥大学的教授们后来的一项分析推测，这可能是因为人们建立了一种"破产文化"，通过"让家庭对破产的概念更心安理得"，增加了申请破产的可能性。事实证明，颇具争议的"战略性违约"——直接从房贷中安然脱身，留给银行去取消房屋赎回权并承担所有相关费用——也具有传染性。芝加哥大学在房贷危机期间的一项研究考察了为什么战略性违约（即消费者通常所知的"叮当信"，因为把房屋钥匙放入信封寄给贷方时信封发出叮当声）会在社区间蔓延；该研究者发现，如果一位屋主知道有位好友策略性违约了，那么这位屋主说他或她也想策略性违约的可能性多出 82%。

人际网络间的这些趋势带来的结果是，人们将基于你的好友们在财务上的谨慎度对你评分（至少在该操作被禁止以前）。如果你的第一感觉是"这不公平"，那你说到重点了：大多数人并不会拖欠债务或从一笔房贷中脱身，只因为好友这么做过就被连累受罚似乎不公平。但是，如果说信誉经济有个反复出现的主旨，那就是它致力于相关性和平均值。其实借贷双方的赌注都很高：30 年来银行发放的数百万美元级别房贷的利率都低于 5%，违约率的细微变动都可能摧毁全部贷款组合。如果一组人（亲密朋友中有欠债者的借款人）平均来说比另一组人（亲密朋友中没有欠债者的借款人）更有风险，那么银行自然倾向风险更低的那一组——尽管某个特定的人可能并不会违约。总之，只要你认识的人具有高风险的信用，银行就会认为你也有高风险，从而相应地提高你的贷款利率。

今天，社交媒体为这类分析提供了天然起点。总部位于纽约、原名为 Movebank（后来简称 Moven）的初创公司正在试行利用从社交媒体获取的信息对借款人进行判定。Movebank 的运作有点像传统银行：他们提供经常账户以及其他金融产品。但不同于传统银行的是，他们完全在线运作；他们甚至鼓励用智能手机应用取代塑料卡片。不同于传统银行的最具争议的一点是，他们利用信誉评分。该公司宣称它会根据申请人的信用评分提供账户、信用卡及其他产品。信用评分高的申请人将得到更优等的产品、更低的费用，甚至可能得到更好的客户服务；信用评分低的申请人可能完全被拒绝。他们如何计算这些信用评分呢？通过评估客户的社交网络账户，即领英、脸谱网等。然后Movebank特有的算法会分析工作相关的数据（工作稳定？与所说的收入保持一致？）、过往发布的内容（足以说明你是真实存在的，但没有经常在工作中偷懒发内容），以及推特影响力（如果你是意见领袖就额外加分）。Movebank没有公开表明其算法依赖于你的好友们的信用可靠度，但是鉴于他们可以很容易地从脸谱网和领英上得到你的好友名单，而且破产者名单是公开给大众的，他们不需要一个麻省理工学院水平的程序员就可以核查你的脸谱网好友名单上的人有没有在破产者名单中。

换句话说，一台机器正在根据你的信誉以及你好友的信誉做出重要的金融决策，不需任何人类干预。如果计算机认为你的在线资料看起来值得信任，你会有更多得到贷款和其他金融产品的机会。如果看起来不是，你会被拒绝，可能还得不到任何解释。而这只是众多方面中的一个，信誉将跨不同的情景、不同的领域，甚至在人与人之间，都可移植。

第 9 章

声誉信息的
错误性

如何应对声誉暗杀？

2012 年 6 月 7 日，成千上万的互联网用户被壳牌石油公司新一轮的广告宣传活动震惊了。活动始于一个光鲜亮丽的新网站 ArcticReady.com，上面涌现了各种广告，吹嘘壳牌公司从冰冻的北极海底开采石油的进展。广告上是整幅的高清商用照片，并配以文字信息，比如"今天我们征服北极，是为更灿烂的明天加油"。

这些广告立即在社交媒体圈引起一阵骚乱。推特上即刻充满了激昂的言论，抱怨壳牌公司的不负责任；环保组织及网上其他团体打成一团，想要成为第一个谴责壳牌公司的麻木行为的人。为了给这场社交媒体大战加油，壳牌公司的网站很快增加了一个社交功能，让访问者能轻松地在上面发表自己对石油开采的支持，还提供了便捷的按钮以便分享给脸谱网或其他地方的好友。数千条评论很快就产生了，其中大多数有强大的破坏力。给人印象最深刻的是由用户合成的一张图片，是一只可爱的北极狐加一句标签 "你不能在可爱的动物身上开 SUV"（You Can't Run Your SUV on Cute）（这张图片获得了 300 多条转发，1 000 多个脸谱网点赞，以及数以千计的无迹可寻的 e-mail 共享和论坛共享）。

形势演变成了关于 "大企业都无情无义、脱离现实，社交媒体无能" 的故事。而宣传活动的广泛性更让愤怒愈演愈烈——壳牌公司不只无能，从广告数量、网站规模以及可用的社交工具来看，显然它已经倾入了成千上万美元到这场活动中。

这个流行的故事只有一个问题：整件事根本是个恶作剧。壳牌公司与它毫无关系；是环保积极分子绿色和平组织设立了冒牌的 ArcticReady.com，凭空捏造了广告活动，并将伪造的广告放到了社交网络上。壳牌公司内部没有人知道发生了什么，直到 6 月 7 日早上，公关团队开始收到越来越多的来自记者的疯狂请求。他们要求壳牌公司对此事做出回应，每个人都试图在这场看似成为广告悲剧的事件中捞到独家新闻。

事后看来，有些线索能够看出这场宣传是个骗局。有些广告不只不负责任，而且彻底让人反感：有张照片是一只北极熊从一层浮油处游开，标题是 "为了生存，我们都必须突破自己的极限",连最愚蠢的广告商都不会发布这样的广告。即使唐·德雷珀(Don Draper)①在午饭时喝了三杯马提尼而酩酊大醉,也能看出这则广告的问题并把它撤下来。但是一旦它公布于众,为时已晚。无论如何壳牌公司的声誉已经受到损害。

不幸的是,壳牌公司的麻烦还没有结束。在骗局被揭穿后,许多博主和记者甚至收到邮件,邮件声称来自壳牌公司公关代理商和法律部门,威胁说"律师代表皇家荷兰壳牌公司的利益",对任何参与"在网上扩散具有潜在诽谤性的材料"的网站"考虑采取正式行动"。假如情况是大家都还没有看到这场恶搞的广告宣传活动,那么夸大其词的法律威胁是有必要的,它可以确保每一个主要新闻博客都掩盖这个故事:没有什么能够诱导博主关闭它们,除了法律威胁。但是从Cryptome(一个提供网络盗版和黑客情报的黑客网站)到每日科斯到Boing Boing(波音波音,一个综合类博客),这些热门博客上的博主们都勃然大怒,认为壳牌公司试图镇压报道;这是典型的"史翠珊效应"(Streisand effect)——极其想要删除互联网上的信息,反而使得信息更加突出(得名于芭芭拉·史翠珊,她想把一个加州海岸摄影网站上含有其住所的照片删除,结果引来大量激烈的反应,图片也被发表到了数百个网站而不止原先的一个)。所以博主们反而更加

---

① 唐·德雷珀是美国电视剧《广告狂人》中的男主角。——译者注

坚定地想要尽一切所能，抵抗来自企业（看起来是）对一个新闻故事的审查。

你也许已经知道，这些法律威胁也是骗局的一部分，所谓壳牌公司法律部门的电话号码其实连向一个假的公关公司，是绿色和平组织操控的，与它的广告代理商以及Occupy Seattle（占领西雅图）有关。邮件本身是由隶属绿色和平组织的"文化反堵"团队"Yes Men"发出的。结果是，即使没有卷入到最初的广告活动中的人们，也被看似真的来自法律大公司律师的专横的（再平常不过的）回应给愚弄了。

换句话说，绿色和平组织的广告活动成功了，也许超越了其创立者的想象。而且即使在真相被揭开后，也未曾有新闻报道达到"公众对壳牌广告和后续法律回应的愤怒愈演愈烈"这种报道的效果。往往就是这种情况，谎言淹没了一切对记录进行修正的尝试。

当然，由于数字足迹的不可消除性，今天壳牌公司的谷歌搜索结果仍受此假宣传的毒害——在写这本书的时候，谷歌图片搜索"Shell Arctic"（壳牌北极）、"Shell drilling"（壳牌钻探）、"Shell safety"（壳牌安全）、"Shell advertising"（壳牌广告）及其他类似词组，仍会出现醒目的假广告，其中许多都没有表明广告是绿色和平组织植入的。"You Can't Run Your SUV on Cute"这则广告仍被谷歌索引到至少50个不同网站。如果推特能作为大众情感的向导，那么人们在真相揭开数年后仍会对当时的宣传活动信以为真。绿色和平组织的宣传活动在推出后的多年，仍像病毒（也许慢一些）一样扩散。哪怕今天把最初的网站关闭（不论自愿还是法律强制执行），大量复制版本已经扩散到跨数百个法律管辖的成千上万的网站。

Arctic Ready 宣传计划完全是对一个品牌的谋杀，它的成功表明了强大而持久的不实信息如何能够毁坏一个数字信誉。今天，任何人都可以创建关于任何人的谎言，并把它们归因于其他人：事实上，现今任何人都可以在网上冒充别人——记得"冒牌史蒂夫·乔布斯"吗，这个人在 2006 年至 2011 年都冒称了苹果公司史蒂夫·乔布斯的名誉。

信誉评分系统的影响力毋庸置疑。有一个简单的真理是，不管计算机及其算法变得多么高级，它们区分现实和虚构的能力仍弱得可怜；换句话说，它们判断信息真实性的能力有待赶上它们受委托所做决策的重要性。

所以，你如何能够保护自己，避免公司或你个人的品牌受到这样的威胁呢？真相是，你真的不能；但是你对威胁做出的回应会缩小或放大它的破坏性。当面对一场跃跃欲试的声誉暗杀，要考虑否认或纠正错误信息——甚至制造法律威胁——会让情况更好还是更糟呢？曾经也有过成功案例，在信息还没有触及全国观众的情况下，通过个人批判阻止了可查证的诽谤；但也有过数以千计的其他案例，过度的防御不仅没有平息风波，反而起了煽风点火的作用。假冒的壳牌公司做出回应时，假冒的宣传图片已经蔓延到数千个网站，再想移除信息已经不可能了。

当然，几乎没有人会像壳牌公司那样，成为如此精心设计、如此有破坏力的攻击的对象；但是要知道，数以百计的小型企业每天都受到越来越多的信誉威胁。比如，同行竞争对手在Yelp上发表假的负面评论，或者花钱雇人以假账户发表负面评论等等，这些情况都会慢慢地（一次一条假评论）毁掉一个企业的信誉。那么，该如何应对呢？

直接回应还是间接回应

首先，如果关于你的搜索结果或数字简历中出现了负面信息，你需要决定采取直接行动还是间接行动。正如最好的拳击手有时重视闪躲技能就跟重视攻击力一样，你也可以学着回避攻击，避免直接对峙。

要想解释应对声誉暗杀的策略，可以写一本书的内容，但是这里有个压缩版本。首先，如果你遭到一些不实指控，而你能够客观地、明确地证明它是虚假的，那么可以考虑直接公开回应，反驳这一指控。当然，正如我们前面例子中了解到的，任何直接回应的危险之处在于，你吸引了更多的关注到这场冲突中，你也许被认为是激进的、总为自己辩护的人。所以基本的经验法则是，推测中立的第三方如果看到你的回应会做何感想：也许无论如何你都无法说服一个心怀不轨的贬低你的人，但如果你能够在第三方那儿澄清误解，那么就值得一试。而除非你完全确定第三方会将你视为理性、冷静的一方，否则不要直接回应。

如果你选择了直接回应，那么尽可能地澄清误解，避免引起对最初指控的过度关注。比如，如果有一篇博客文章中指出你被解雇，而其实你是自己辞职的，那么也许可以通过欢送会的照片、一封来自部门的感谢信（说你是位出色的员工）甚至领英上对这份工作的正面评价，来证明这项指控并非属实。务必让这些信息发表在显眼的地方，至少跟这场攻击本身一样显眼：私人博客、推特、领英等等。你也许都不用提到自己被攻击了，但要让读到这些信息的、态度中立的人们相信，你没什么好隐藏的。

有时候，提供上下文信息对于反驳一个不实故事是有必要的。一旦发生不实事件，那就效仿游戏公司OnLive那样，帮助提供额外信息。当小型游戏发行公司OnLive遭受一些经营上的困难时，管理团队没有申请破产，而是实现了一项交易：把公司大部分资产卖给一家新的公司，新公司继续使用OnLive的名字，继续雇用公司的大部分员工。问题出现了，因为这场交易意味着所有员工将失去他们在"老"OnLive的股票权。游戏开发社区非常团结，也非常敏感，他们觉得游戏开发人员上当了。所以当传出开发人员都将丧失股票权时，有个游戏社区生气地斥责该公司，认为他们利用了辛勤付出的员工们。但是，后来的几天以及几周，公司支持人和行政人员认真地解释说，因为公司险些破产，任何股票利益都已被摧毁，但是通过售卖公司资产，公司至少保住了开发人员的饭碗。最终并不是所有开发人员都接受公司的解释，但是附加的上下文信息的确帮助OnLive恢复了声誉，公司很快也能继续招募人员了。

然而有时候，即便另有隐情，澄清误解却是徒劳的，而最佳办法就是一笑了之——比如围绕着"为什么前进保险公司（Progressive）道德沦丧"这一问题展开的那次活动。该保险公司迫使一个悲痛不已的家庭在其女儿丧生于一场车祸后，为了获取保险赔偿（肇事司机未参保）历经法律的磨难。当一个公司面对一场那样的品牌攻击时，它能做的不多；毕竟，几乎任何回答都只会让情况更糟。前进保险公司（正确但不太明智地）指出，他们遵从的程序是合乎法律规范的，也是符合业内操作标准的。但他们越是辩解，越是吸引人们关注该事件。后来，他们试图以合理理由对抗这场感性的争论，但那一般不会成功。

最终，前进保险公司的最佳答案是从这场争论中走开，默默地补偿这个家庭，并且停止为自己的行为辩护。对于一场情感主导的看似"不提供补偿给一个经历不幸的家庭"的争论，它没法给出什么事实性反驳。如果你发现自己处于相似的境况，最好的

办法就是把话题转移到企业的其他领域，不要因为试图对争议低
调处理却反而引起更多关注。

保持警觉

正如我们所见，数字信誉受到的影响是瞬间的，不论基于事
实还是虚构。网上的谣言就像夏天的龙卷风，会悄悄地开始，然
后快速旋转，几天内（甚至几小时内）变成杀伤力极大的风暴。
但如果你保持警觉，你就能够驾驭这场风暴，赶走它，或至少找
到庇护所，将窗户紧紧钉住。

以《科尼2012》（Kony 2012）的宣传活动为例。很多人都
记得，开始时，一场要将非洲的一个军阀首领约瑟夫·科尼
（Joseph Kony）绳之以法的运动似乎一夜之间在脸谱网上病毒式
传开。数天之内，几乎每个人都在讨论《科尼2012》宣传活动
的积极意义（以及科尼先生本人多么应该受到谴责）。但是，同
样很快地，这一浪潮开始变成反对《科尼2012》的宣传活动以
及它的制作人贾森·罗素（Jason Russell）。关于种族主义、对
非洲的认知以及其他话题的讨论开始危害这场宣传，而不久后罗
素无意间成为关注的焦点，因为他精神失常，像个傻瓜一样赤身
站在圣迭戈的一个街角对着汽车乱叫。与其说故事是关于非洲的
（非常真实的）人权侵害，不如说它变成了关于罗素本人的事件。

但是，由于活动背后的组织保持了警惕性，它能够认识到风暴的发展，并推出了大量新的关于科尼的内容，将焦点拉回到本该关注的地方，即非洲极其恶劣的军阀作风，而不是让人去关注运动发起人的愚蠢、失检的行为。

大公司对感知一场聚集中的风暴往往更迟钝些。例如，苹果公司就曾遭遇谣言，说它已经开发了新一代的产品，用的螺丝钉跟所有现有的螺丝刀是不兼容的，目的是故意让其他所有人都无法维修其产品，只有它自己的修理员工才可以维修。后来发现，这完全是个骗局；但它在社交媒体上引起了一阵骚乱，之后苹果公司才得以消除了谣言。要是苹果公司早一点发现风暴的酝酿，它就能在骗局病毒式蔓延到全世界之前就调解了争端，公布真相。

个人品牌暗杀

当然，不只企业会面临声誉暗杀的危险，个人也会有这样的危险。我们的个人信誉和职业信誉妥协于不实或误导的网上信息的例子已经非常常见（而且从许多方面来说都更难以揭示真相，因为大多数人遭受攻击的时候都没有法律部门或公关团队可以依靠）。而且，错误信息和错误描述可能跟一些攻击一样有害。

事实上，尽管信誉经济中许多为个人评分的方法在技术上已经成熟，但它们还是非常容易犯错误。例如，在线编码资源库

GitHub.com 曾享受过短暂辉煌，是所谓的让科技公司寻找顶尖开发人员的热点区域，还是所谓的传统简历替代者。而且据称，程序员们可以不在上面提交基于工作经历的简历，直接让潜在雇主看他们在 GitHub 上写好并保存了的所有代码。

但如果你是个程序员，先别急着扔掉不褪色的纸质简历。GitHub 还没有改革招聘世界。一方面，它只显示公开且有在线代码库的项目的代码。大部分为私人雇主所做的工作并不是公开的，而且，就算是极其高效的、在免费且开源的 Chrome 操作系统上进行工作的开发人员，也不会出现在 GitHub 上，因为 Chrome 用的是不同的代码资源库。也别想要炫耀你在写代码之外的其他活动上的能力；GitHub 根本不会重视诸如制定产品策略、指导初级开发人员这样的活动，更别提电影、写作、管理、销售、研究开发、客户服务这类的表述了。结果导致了一种特别有害的错误性：精准度错误，它让人们看起来得到了公平的评分，但其实只是基于工作中一个微小子集的评分。

像 Klout 这样的社交评分系统（越来越被人力资源部门应用于招聘和其他决策中）也可能错得离谱：沃伦·巴菲特最初得到的 Klout 评分只有 36/100。被公认为"奥马哈先知"的巴菲特每年都举行一场股东大会，吸引 3 万人到访，到访者来自全美国各地，每人花费了达 250 美元的票价来参加被誉为"超级碗"投资的盛宴；而且数百万零售投资人以及几乎每一个投资职业者都会阅读他的年报。类似地，再看看巴菲特在伯克希尔-哈撒韦公司的成功中扮演的角色。该公司 1967 年末的时候每股股票价值是 20.5 美元，到 2013 年初的时候已经增加到每股 17.8 万美元。即使在 2000 年到 2010 年股票普遍遭受灾难的那 10 年（连标准普尔 500 指数都下降了 11.3%），伯克希尔-哈撒韦的股票价格增长了 76%。但如果你根据 Klout 评分进行投资决策的话，你将错过巴菲特。举个例子，他的分数比有抱负的记者莱斯莉·豪勒（Lesley Hauler）的分数还低（如果你没听说过她，没关系：除了她的 631 个推特粉丝，其他大部分人都没听说过她，尽管她的 Klout 评分是 60/100）。鉴于巴菲特的影响力和他的评分之间的明显差距，Koult 更新了它的算法以示公平。在写这本书的时候，巴菲特的评分是 80 多，但是曾经一度低于 50 的分数说明了 Klout 在估测人们的影响力的时候可能是完全不准确的。

对于 Klout 的另一项批评是（也许更多的是由于它的知名度，而不是因为它较其他相似服务而言有更多问题），它的排名易受强效的操纵行为的影响。例如，一位名叫阿德里安·佩尔泽（AdriaanPelzer）的数字营销经理能够利用机器人程序生成高达 51/100 的 Klout 评分——相比大多数真人来说是个非常高的分数了。更厉害的是，当一个名叫尼尔·科德纳（Neil Kodner）的人创建了机器人程序，来自动回复关于名人（像宋飞，萨拉·佩林）的推文（每一个机器人只是发布一条随机选取的相关引述）

时，他的推特账户"@HelloooooNewman"获得了74/100的
Klout评分——一度是沃伦·巴菲特的评分的两倍。

有些数据源本身是错误的

"无用输入，无用输出"这句话指的是，如果被处理的唯一
的输入数据本身就是错误的，那么即便是最高级的计算机也会输
出错误的信息。所以最大的线上危险是，一个信誉评分系统会生
产出看似好而有用的数据，哪怕它其实并无用处。毕竟，人们很
容易相信一个由复杂的专门算法得出而且显然是以数百个来源为
根据的分数。但如果被分析的数据是垃圾（它可能确实是），结
果也会是垃圾。

信誉引擎被输入不良数据的情况有多常见呢？要回答这个问
题，让我们看看世界上最大的（至少在2012~2013年间的大多数
时间）上市公司，它正在积极获取能够误导在线数据聚合器的专
利。确实，苹果公司已经获得了一项系统专利，该系统通过创建
与你的在线身份相似（但不相同）的自动化网络活动，从而曲解
你的在线身份。所以如果你谷歌搜索"西班牙度假"，苹果公司
的专利系统可能还会自动谷歌搜索"意大利度假"和"葡萄牙度
假"。当然，当你只是搜索度假目的地时，这似乎毫无害处；但
设想当你在搜索一个工作职位，看起来却像在搜索五个不同公司

的职位，会推断出什么结果（当前的雇主看到你的搜索历史，会认为你在找新工作，而也许你是为了有关业务而搜索一个职位，或者其实在帮朋友忙）；或者当你搜索如何处理一具尸体时，五条不同的搜索记录出来了（这看起来就像你在策划一场谋杀，其实你想就考证一下你最爱的警匪电视剧里的桥段）；或者一百种其他错误假设中的任意一种，都会是什么结果呢？

即使你不是苹果用户，也别太放松警惕，因为有一项免费且开源的项目在做同样的事情。TrackMeNot项目发布在一个".nyu.edu"为域名的网站上，宣称是为了加强隐私。启动它后，它会自动运行谷歌，搜索随机条目，那么谷歌要想识别个人用户就更困难了。根据用户的目标，甚至可以让它将大量条目充满你的搜索历史，从而让有可能在监督你的搜索行为的人——比如政府——失去判断能力；毕竟，如果你每天搜索成千上万的随机信息，政府想要识别你在"真正"搜索的内容会变得困难得多。

有些网页发行者试图欺骗谷歌及其他搜索引擎：他们"混聚"（mashing up）不同的随机网页，希望能让谷歌认为这些结果是真实内容并把访问者送到这些"混聚"页面中，他们因此可以按每一个登录到这些页面的访问者，赚取网页广告收入。这是个粗劣的花招——这种形式的垃圾网页的发行者创建亿万网页，希望从每个网页的浏览量中获取微薄的利益。而这个花招玩起来也是极其便宜的；一个计算机机器人只要跳到互联网上一个又一个链接，从网页中拣取信息，另一个机器人随机地将它们结合到新的网页上。所以，如果你的名字在任何类型的显眼的目录或新闻网站上出现过，它可能也已经被混聚到某处的垃圾网页上了。

这通常没什么危害，但有时候，它可能会给你的信誉带来直接危害。比如，如果其中一个随机"拣网页"的机器人将一个列着公民活动家名单的网页与一个梅根法律（Megan's Law）性侵犯名单混聚到一起，创建了一个谷歌能够索引的新页面，试想结果会怎么样。机器人不会蓄意散播混乱；它只会随机地将网页内容混合到一起。而结果会是，你的名字完全错误地跟性侵犯联系到了一起。再比如，作家迈克尔·费蒂克的名字被放到了一堆随机编写的博客发布上面，显然是一个垃圾博客想要卖电话广告和相机广告——这对他的信誉几乎没有直接威胁，但很可能让潜在雇主的信誉引擎、投资人的信誉引擎或其他任何想要查找你的事业和专业领域信息的人的信誉引擎产生混淆。

幸运的是，不像其他可能存在于网络上的关于你的错误信息，这类信息很容易删除；如果你在谷歌上搜索自己的名字，看到警告"有些重复信息已经被隐藏"，那么只要点击按钮查看其他结果，就能知道你的名字如何使用在这类数字化的胡言乱语中了。不幸的是，当你真的发现你的名字已经以某些不受欢迎的方式混聚了，你能做的其实不多，因为系统是自动的，你也许永远无法追溯到最初的发布者了。但是，只要对此保持警觉，以便当它在工作面试或约会中被提及时你知道如何解释，就会有助于将伤害降到最低。

这些错误中，也许每一个错误对个人产生的影响都很小，但它们代表着被蓄意搅乱的数据在网上建立、发布后变得越来越普遍存在。而且，这些数据不仅错误，扩散也快；混合数据会被编目，更多数据会被建立，然后启动恶性循环（我们之前在本章讨论过的）。记住，依赖于数字数据的自动化信誉评分系统——换句话说，差不多就是所有的评分系统——会轻易地被洪水一般涌入的数字垃圾所愚弄；冲入数字引擎的数字垃圾越多，信誉引擎（哪怕是最负责、最高级的信誉引擎）就越难分辨真相。

在所有（计算机认为）对的地方寻找爱情

尽管数字足迹有各种错误，但不要搞错了，你的数字信誉仍被用来对你的未来做出难以置信的决策。比如你的爱情运势。现今，网上相亲是一项大产业，其市场规模巨大。2011年，领先网站Match.com以5 000万美元买下小型竞争网站OKCupid.com，该网站每月吸引130多万独立访客。免费约会网站PlentyOfFish自夸每月的网页浏览次数为60亿，它的市场估值在2亿美元到10亿美元之间。而且每天都有更多的小众网站——像FarmersOnly和Trek Passions——出其不意地冒出来。

但是，曾经的在线约会（尤其是早期出现的时候）明显有缺陷。在线约会本是用来解决酒吧约会中的问题的——酒吧太吵，人群拥挤，人们的互动很肤浅，结识新朋友可能会有危险（特别是对女性来说），而且还有太多危害社会的行为（特别是男性的行为）。而早期的在线约会只不过是复制了酒吧里的问题：网站能让用户快速浏览潜在伴侣的数百张照片（肤浅），而且私人问题往往愚蠢无聊（原来几乎没有人讨厌寿司、玩偶或"大部分音乐类型"）。而且网站的算法完全没有甄别道德不良的用户，于是女性们常常抱怨收到男性的冒犯性垃圾信息。事实上，这些第一代约会网站只不过是把约会从酒吧移到了更便利的用户的起居室。而第二代或第三代的新一波在线约会中，新的缺陷出现了：由于太差的计算机模型和数据采集而导致的错误性。

一个名为eHarmony的第二代网站试图以接近传统的、"屋顶上的小提琴手"（Fiddler on the Roof）式的配对系统替代酒吧。心理学家兼婚姻顾问尼尔·克拉克·华伦（Neil Clark Warren）认为他能够确定哪些相同的特征最有可能带来成功的恋情，并且他能够建立一个模型评估每一位新用户，然后基于这些特征进行配对。问题在于，网站进行配对的唯一基础是一份带有258个问题的调研，每一位新用户都必须完成，这意味着调研易受人们自我评价时的偏见的影响。

eHarmony不是唯一的；目前整一代的约会网站几乎都依赖

于自我汇报性格特征：你喜欢摇滚还是饶舌？想要孩子还是丁克？喜欢艺术还是户外活动？而这一系统完全没能够确认许多对潜在伴侣来说非常重要的特征。比如，没有办法知道用户是否有礼貌，是否尊重他人。直接问的话显然不一定会得到准确答案，用户甚至可以撒谎。就算问一些行为相关的问题——比如用户是否经常守时——也会同样影响答案的准确性。而且（很多约会对象发现真相时已经太晚），如果问一个用户是否已经处在一段恋情中，或是否已婚，也不一定会得到真实的回答。"你诚实吗？"这样的问题从逻辑上造成矛盾。

为了减少自我汇报带来的误差，一个名为Yoke（束缚，也许它的名字注定了它的命运）的初创约会网站想要使用一种更先进的信誉评分版本。它迫使用户以脸谱网身份登录，然后基于他们的行为判断他们的"真实"性格，比如脸谱网上有多少"赞"，亚马逊上浏览了哪些产品，网飞（**Netflix**，在线影片租赁提供商）上评论了哪些电影。它甚至还根据人们毕业于哪所学校对其做出判断（虽然大学配对的细节还不清楚，但我们可以认为系统会给某些校友间的配对打折扣，比如杨百翰大学的校友）。根据这些数据点，系统计算出相似分，把具有共同利益的用户配对到一起。比如，有位用户在网飞给《发展受阻》（*Arrested Development*）很高的评分，那么他会和一个在亚马逊上买了一套《办公室》（*The Office*）的人配对到一起。但是，这一系统最终成为泡影，因为用户对于利用脸谱网寻找约会对象所牵涉的隐私问题感到担忧；用户们（也许合情合理）担心自己的脸谱网好友会知道他们的约会资料，担心约会情况会潜随着他们，而脸谱网可能会将他们的数据用到意想不到的地方去。换句话说，Yoke捕获了信誉网络所有不利的方面，却未能有效抓住有利的方面（信誉网络和在同伴间的信誉）。某种程度上说，它最终没有奏效，而是落得"令人不寒而栗"的下场——在脸谱网上面人们有很多方式歪曲真实的自己，无论如何数据最终都是糟糕的。

已经有迹象表明初创约会网站正在迈入下一步：捕获信誉网络有价值的部分。例如，一个名为TheComplete.me（再一次，取名对这类网站的创始人来说似乎是个难题）的网站，它的配对不仅依据许多和Yoke一样的特征（共同利益），还会基于你的社交网络情况：你最频繁的聊天伙伴是谁？你喜欢谁的内容发布？你与谁互动？其他的网站想要让那个令人不寒而栗的因素最小化。例如，Circl.es（但是这名字有趣多了）也是深深依赖于脸谱网数据，它推出了一个展现用户照片的"酒吧"式界面，但是它在Yoke的基础上改进了，因为它保证更多的隐私权。

可以确定，未来的网站会使用人们"在社交网络中"的信誉（你的朋友怎么评价你？）以及"他的社交网络"的信誉（人们怎么评价你的朋友？），来评估一个西装笔挺的人是不是真的有礼貌、守时、诚实……并且真的单身。它们会搜索其他人（从朋友到前任，到政府记录）怎么评价你（不论是在脸谱网、推特还是其他开放网站），然后聚合那些数据并加以分析，给你的每个相关特征都评定一个分数。通过捕获其他人如何看待你而不是依靠自我汇报，这些算法不仅能够清除欺骗行为和错误的人格判断，还能够更准确地预测你与哪些潜在伴侣更相容，从而提供更多"合适"的配对：谁更容易喜欢你，你更容易喜欢谁。

某些程度上来说，这无异于高端媒人提供的服务——他们对客户的朋友和家人进行访谈，获得一个无偏见（至少少一些偏见）的观点，然后对他们为客人设定的对象的背景进行调查。或者，正如我们已经看到过的，某种程度上它回归到了小镇声誉——当地媒人（比如《屋顶上的小提琴手》里面的Yenta）知道镇上每个人的真实情况（不论好坏），然后将多年的实践（已经从结果观察到的经验）融入婚恋配对中。

如果你是受到朋友高度评价的一类人（也许还得到前任的好评），那么祝贺你——当所有低俗的人都暴露着不可告人的秘密时，你却得到奖励，得到大量优质约会选择。如果你不是，那么为时不晚，开始擦亮你的形象吧。与公开埋怨你的人和好（当然，尽可能的），将你在春假中喝得烂醉（或任何陋习）的照片都清除掉。在公开资料中使用更好的语法和措辞——你不一定要做得完美，但要足够好，不至于显得语法太烂。将过时的信息删除，比如在一份老的MySpace（聚友网）资料中还写着"恋爱中"，只因你好几年没有更新它了。

记得，不要抱有太高的期望：任何网站都在努力用一个算法预测谈情说爱之事，但无论算法多么高级，都不太可能得到巨大的成功率。计算机筛选永远不会完全取代约会中人类的真实交往：人们总能在彼此间找到许多有趣而吸引人的地方，那是计算机永远无法复制的（而且目前这会儿，基本也是人类自己决定想要约见的人）。但是就像"计算机做决定"运用在招聘工作中一样，计算机化的信誉仍会具有强大的过滤效果。如果计算机算法认为你不适合某些潜在对象，你可能一开始就永远不会知道这些人的存在；你永远不会看到他们的资料，他们也永远不会看到你的，而且你永远都不知道为什么。而一切都可能被一个简单的输入错误所打乱——一些很小的错误，比如你喜欢的歌《Hold On》被认为是乔纳斯兄弟（Jonas Brothers）的那首（然后对你的音乐品位做出了相应的判断），而其实你指的是堪萨斯乐队的版本（或科恩乐队的或汤姆·威兹的或其他具有相同名字的完全不同的歌曲）。

最后，请保持警觉。你不需要被另外提醒——网上谣言的扩散有多么快，互联网会如何断章取义——你已经知道了，你需要的是警觉度。Google Alerts（谷歌提醒）是一种简单且免费的方法，能让你掌握你的搜索结果的变化。在上面定制好你所需要的内容：你的名字，你的名字和职业，你的名字和雇主/部门，以及其他任何你认为可能相关的东西。通过小心的监督以及谨慎采取的行动（适当时），你能够阻止不实信息的扩散。在网上，在其他地方，知识就是力量。

第 10 章

掌控话语权

在辩论还没开始前就主宰它

仅因为信誉经济中的信誉遇到了障碍，并不意味着你需要放弃。这样看来，与其说你的数字信誉是银行账户，不如说它更像股票投资组合；它可能起伏不定，即使让你一路触底，却总能反弹回去。重点在于，要保持积极态度；如果你能够控制人们正在评估的东西，还有人们正在讨论的东西，就能够将话题转移到对自己有利的方面。

　　举一个信誉经济还没全力启动前的例子。20 世纪 90 年代，汽车制造商韩国现代的信誉处于低谷。1986 年，这家韩国制造商以"现代卓越"（Hyundai Excel）首次尝试进入美国市场。这款小型轿车一经推出就取得佳绩，第一年售出 16.8 万辆，创下美国当年进口车销售的纪录。该车的竞争优势是价格低。它的标价只有 4 995 美元，轻松击败大部分底特律的汽车制造商——它是一款福特 Taurus（金牛座）的价格的一半，大约跟 83 个 1986 年推出的无所不能的华斯比玩具熊（Teddy Ruxpin）的价格一样。但不久后，该款汽车开始得了这样的名声：它不仅价格便宜（也许不足为奇），它的制造也便宜：座椅很快磨损，底盘严重生锈，车窗手柄开始出现故障。到 1990 年，每年只有不足 10 万辆车售出，而现代汽车的经销商也开始退出市场。

雪上加霜的是，该品牌变成了电影里的笑话：1992 年一部反映一线销售员的电影《大亨游戏》（Glengarry Glen Ross）中，销售大师亚力克·鲍德温（Alec Baldwin）给一个技术不太熟练的销售员指派任务，提醒他说："今晚你开一辆现代到那儿，我开一辆 8 万美元的宝马去。"怕没有说清楚，他随后又补充道："我的手表比你的车贵。"。就连杰伊·莱诺（Jay Leno）都开玩笑说，现代车主们要想让它们的车的价值加倍很简单：只要把油箱加满。

20 世纪 90 年代期间，现代的销售量每年都低于 10 万辆。20 世纪 90 年代对于小型的汽车制造商来说是残酷的 10 年，而这对现代也没有帮助。20 世纪 90 年代见证了 Geo 和 Eagle 这两款车的消亡，克莱斯勒也在挣扎中，其品牌每年销售量都低于 5 万辆（很久后与戴姆勒奔驰合并，很多人都认为是被这家更大的德国制造商买下了）。就连普里莱斯，这家 20 世纪 90 年代后期每年平均售出 14 万辆车的制造商，到 2001 年也被淘汰了。现代汽车的低销量以及渐渐缩小的市场份额让这家制造商变得毫无影响力，汽车行业的媒体甚至都不再报道关于现代的消息，将它从很多月度销售报告中省掉。形势显得不利：除非现代扭转它的信誉，否则它将被迫退出有利可图的美国市场，也许永远退出。

销售量继续下滑，经销商继续流失，变成了不断延续的恶性循环；面对如此真切的威胁，现代采取了行动。高管们知道他们的汽车能够达到和美国本土品牌一样的标准——他们分析了自己的保修情况，看到了较最初登陆美国市场时的质量有了明显提高。但是高管们也知道，既然被人们认定为"劣质"，名誉将很难恢复。现代没有直接向人们的观念发起挑战，它开展了更好的行动：公司掌握了主动权，改变了整个话题方向。1998 年，公司上了头条：它重写了保修书，给购买者提供（在当时看来闻所未闻）"10 年，10 万英里（约 16.1 万公里）"的整个传动系统的保修，并开展了几百万美元的全国广告宣传活动；按它说的，每一辆卖出的新车都"10 年耐用"。

今天，其他一些汽车制造商都赶上了——至少赶上了一半——他们的保修范围，但那个时候，传动系统 10 年保修对比行业标准的 3 年保修，令人瞠目结舌。对于一个被人们认为廉价且易出故障的汽车品牌来说，这一服务显得尤为令人吃惊：鉴于现代汽车以往的生产缺陷，它怎么可能支撑得了一个无须抵扣、无须花费的 10 年保修呢？它的美国公司的首席执行官约翰·克拉夫茨克（John Krafcik）称之为"拿公司做赌注的举动"，确实是。

结果，突然间现代又回到了新闻话题中，不管是好是坏。汽车评论网站 Edmunds 列出了保修细节，指示用户"再读一遍，你会感动"，然后称其为"一个完美计划，扫除了人们对现代可靠性的持续担忧"。另外的媒体称之为"行业内最完善的消费者保障计划之一"。就连地方报纸——像宾夕法尼亚州伯克县的《Reading Eagle》（汽车部分的封面故事：当地豪华轿车驾驶员揭开其准时到达费城、纽约的秘密）都报道了这个保修故事，引发了一个新的关于现代的故事。重要的是，没有人关注质量本身是否改进的问题——这个问题只会强化关于现代是一家劣质厂商的潜意识观点。所有人都极尽笔墨对比现代的保修书和其他进口以及本地制造商的保修书——而当时那些对比纯粹是对现代有利的。

策略奏效了：1999 年，现代汽车比上年多售出了 82%。到 2006 年，现代每年售出 45 万辆，占据了 2.8% 的美国汽车市场份额。到 2010 年，数据再次飙升，超过 53 万辆，占 4.6% 的美国汽车市场份额。2012 年，现代在美国售出超过 70 万辆，超过了道奇、吉普、大众等老牌对手。事实上，现代在 2012 年的成绩如此之好，甚至打败了传统的奢侈品牌宝马、奔驰、英菲尼迪的组合。

当然，不是新的保修书本身救了现代；管理团队做了很多其他的聪明决定，从质量控制，到设计，到价格策略等。但必要的是公众对新的保修条款的讨论主动扭转了话题，修补了品牌的"劣质"信誉。消费者们不再议论质量，而是开始讨论保修范围；你尽可议论这车的劣质座椅和车窗摇柄，但你不可否认现代在保修方面遥遥领先的地位。换句话说，现代成功地将话题从最大的劣势转移到了最大的优势。

贯穿这本书，我们已经看到，信誉经济中你的所有优势和劣势都会被永久记录下来，无论喜欢与否。但是当你无法控制什么样的信息会被记录，什么样的不会时，那么至少某种程度上，你可以控制让哪些信息——正面或负面——引起人们的关注。这一章将告诉你如何控制。

改变话题

现代汽车的"美国最佳保修条款"活动说明了另一个关于挑战既成事实的重要经验教训：足以让人震惊，才能打破现有观念。现代不光是改进了保修条款；它做了令人震惊的事：将自己的保修范围延长 3 倍，是直接竞争对手的 2 倍多。它成就的不仅是一个出色的保修条款，更是人们争相讨论的条款。当时的很多进口车，人们并不期望它们跑过 10 万英里；在那样一个时代，现代汽车通过提供让人几乎不敢相信的服务，震惊了公众。

当然，用一些令人震惊得足以上头条的事去动摇一个坏信誉，这理念在其他领域也能奏效。事实上，在信誉经济的每一个领域，一个非常明显且公开的举动往往都能够获得足够的媒体关注，然后有效地将原来的信息淹没。事实上，就算具有最伟大的算法，信誉引擎仍旧易受偏见的影响，它们跟人类一样，容易投入过多的关注在有新闻价值的事件上。即使在没有太多相关数据可采集、可分析的情况下，这些事件也会被赋予一般的权重。

看看某些技术落后的公司如何试图利用这一点修补自己的信誉。雅虎在 20 世纪 90 年代时名声赫赫，而之后 21 世纪第一个 10 年前期它的品牌慢慢恶化。雅虎目录服务曾长期被谷歌搜索超越，它甚至都不再维护自己的搜索引擎（它的搜索结果是由微软的必应引擎控制的）。雅虎的电子邮件产品也未能跟得上谷歌的 Gmail，而且它也没有一个像在 Xbox（微软发售的一款家用电视游戏机）一样的硬件产品。到了 20 世纪第二个 10 年中前期，雅虎面临了严峻的信誉挑战：它被人们认为是"过时的、发展缓慢的，再也不处于行业的顶端"。如果公司不立即改变一些东西，它将会进入向下的旋涡：信誉将严重钝化它的招聘能力，从而伤害创造新产品的能力，再进一步钝化它的信誉……你知道怎么回事。

　　于是在 2012 年，雅虎让行业内的每一个人（包括公司内部一些高级董事）都大吃一惊。面对行业内所有期望，它逆势而行，做出了一个出乎意料、引人注目的招聘举措：跳过首席执行官候选人名单上的每一个人，雇用了当时的谷歌高管玛丽莎·梅耶尔（Marissa Mayer）。但如果说雇用梅耶尔的媒体覆盖率让公司的信誉得到暂时提升，那么可以说在梅耶尔着手想要恢复雅虎影响力时，公司的信誉麻烦又重新全部出现了。梅耶尔最初的很多举措都遭到了广泛的抵制，最突出的就是她突然决定改变公司的远程办公政策。虽然这一改变只影响一小部分员工，却被人们认为是象征性的举措，使得美国各地的新闻记者和博主们都质疑梅耶尔是否将要强制推行一种新的刚性文化，进一步疏远已经受困的雅虎全体员工。在一个不太幸运的时间点，即远程办公政策公开一周后，还有一件事被公开了：梅耶尔在旁边的一间办公室设置了一个母婴室，以便她能够在白天照顾自己的孩子。《纽约日报》的头条新闻写着："雅虎老板玛丽莎·梅耶尔惹怒了手下：阻止员工在家办公之后在自己办公室旁边建起了母婴室。"

　　关于雅虎内部政策的这两个负面故事并排出现后，梅耶尔需要做一些大事来转移焦点。媒体动用了太久的笔墨在公司内部问题上，就算梅耶尔想要做些必要改动来挽救雅虎，也无法起效果。

不久后，一个机会来到了，它就是热门微博网站汤博乐。当时，汤博乐是市场上最炙手可热的社交媒体财产，与"tumbleweed"（风滚草）形成鲜明对比——"tumbleweed"正好形容雅虎当时贫乏的社交产品服务（一些游戏网站和一个不再时髦的照片共享网站Flickr）。于是梅耶尔决定"要么做大，要么回家"。她花了令人难以置信的10亿美元买下汤博乐，获得了大量的用户群，也获得了通向未来的全新方向。

媒体以及博客圈的反应是瞬间的。商业媒体一直在寻找一个雅虎会东山再起或者走向失败的故事；梅耶尔的大胆决定让他们有了一个可写的故事。一位分析员称之为"让欢呼声重归雅虎"的举动，让公司"再一次在硅谷占据影响力"。

给人们一个大胆的头条去关注，这让梅耶尔和雅虎将话题讨论转移到了对他们有利的领域。但你不一定非得是主要科技公司的首席执行官才能采用这样的战术。任何能够改变人们对你的看法的举动都会改变他们对你的评估。厌倦了做那个被全办公室的人认为"只会提议周五晚上出去喝一杯的家伙"吗？那么改为承诺办一个慈善活动，或者组织团队培训，并且要有声有色，让人们都看到。厌倦了总被人们认为营养不良吗？那么加入CrossFit（全面强健）健身，给同事炮轰各种CrossFit照片。每一种情况，你的回应都是跟你想要克服的信息垂直交叉的——没有试图为自己辩护，只是改变了话题。

在辩论还没开始前就主宰它

脸谱网在俄勒冈州普赖恩维尔建立一个极其耗费能源的庞大的数据中心时，就为我们上了很好的一课：在辩论还没开始前就主宰它。你也许没有意识到，每一次访问脸谱网，你的电脑会向遥远的某个地方的数据中心发送一个请求。该数据中心将各种各样的信息聚到一起——你朋友的活动、照片、新闻更新等等——然后瞬间返回给你。脸谱网最开始的时候，所有这些操作都由马克·扎克伯格寝室里的一台电脑控制。今天，需要数以千计的计算机来为成千上万同时使用网站的用户管理这些操作，而这些计算机都安置在一个巨大的数字中心。

这成千上万的计算机必然要消耗巨大的电力才能运行：即使没有连接显示器，每台服务器功率大约在 500 瓦特。2013 年，据估计脸谱网要运行 6 万多台服务器，它很快就面临了一个相当重要的问题：把它们安置在哪里呢？

脸谱网意识到俄勒冈的高地沙漠将会是数据中心的理想之地：低温环境将让制冷成本最低化，大量电力可为计算机供电。但是当脸谱网开始在俄勒冈州普赖恩维尔建造第一期的数据中心时，它意识到它将面临形象挑战。俄勒冈州长期以来都是环保行动的中心（记得 20 世纪 90 年代关于斑点猫头鹰的争议吗？当时俄勒冈州的环保主义者和伐木者们因为一个猫头鹰物种的栖息地问题而针锋相对），而数据中心是巨大的能源消耗者：普赖恩维尔项目仅第一期就达到 1 500 万瓦电力——比整个多哥共和国耗费的电力还多。在这个关注气候变化和碳排放的时代，在俄勒冈州建立一个数据中心似乎预示着宣传灾难即将到来。

于是脸谱网决定先发制人，在灾难发生前设计好话题。脸谱网的公关团队没有专注于数据中心所消耗的总能量（比一些国家的总消耗还大），而是精选了一个对自己有利的衡量指标——如何有效地利用能源——并反复宣传自己在这个衡量指标上的"能源利用效率"（衡量指标不过就是数据中心实际被计算机使用的能源占多少）。这是一个特别创新的指标，因为它将注意力从"（巨大的）能源总消耗"转移到"脸谱网保持了高效率"，从而让脸谱网完全躲开了其他问题，比如到底需要多少计算机、数据必须传输多远否则它也不会这样做、那会给环境带来什么后果。而记者们以及其他人面对不断滚动的新闻头条，他们接受了它。

为了给故事画上完美句号，脸谱网开创了"少有的"媒体邀请会，再一次聚焦数据中心的能源高效性。前来造访的记者们沿途经过一个小型太阳能设备（它"并不会给系统提供很多能源"），在一个显示屏上即时显示着"能源使用效率"指标。当然，这个显示了能源使用效率的显示屏配有一幅背景图，图上是一个美丽的俄勒冈湖，这样至少下意识地把数据中心跟生态学以及大自然联系到了一起。

跟现代汽车和雅虎一样，脸谱网确保了至少包含一项令人震惊的情况：数据中心没有空调。大多数数据中心都在房顶配有庞大的商用空调，使用传统的氟利昂冷却剂来保持计算机温度跟室温一样。而脸谱网的数据中心使用一个薄雾体系，让清凉的空气在数据中心流通——非常像一个冷却装置。该系统运作得非常好，直到后来，有意外状况导致在这个三层楼的结构内部形成了一朵云，水像下雨一样流下来，一些计算机发生了短路。有些难以置信的是，原本可能是场公关灾难，结果却提高了脸谱网的声誉：一朵真实的云出现在脸谱网的"云"计算中心，这个故事反而巩固了脸谱网所说的"其数字中心具有生态效益"。

通过将注意力放在脸谱网知道自己能够以之胜出的指标上——整个数据中心致力于优化"能源使用效率"——就能够让媒体的注意力大量地放在那个指标上，而不是几百个其他不能胜出的指标。而且它说明了在信誉经济中，其他那些数据即使全都被收集并加以分析，只要没有人看的话，它们就不会伤害到你。

耍别人，不要被别人耍

这些"集中精力在优势上"的技巧——甚至"因为现有衡量指标不合适而建立新的优势指标"——不仅对企业有效，对个人也同样适用。

酒吧里有句老话:"永远不要入别人的局。"这不仅是避免被诡计所骗的忠告,也是信誉经济中信誉管理的明智建议。原则很简单:在酒吧里如果一个陌生人走到你面前,友好地邀请你赌一局桌球,如果你接受了那就是傻子。即便你技术还不错,但基本上这个陌生人选择赌球是有原因的——他是个老手或骗子。这不是什么新鲜的忠告了;20世纪初,演员威廉·布雷迪(William A. Brady)是第一个将此类故事登上《纽约时报》的人:1901年,他描述说,他被一位男子骗了,并为此教训付出了金钱代价。该男子竟然可以以不可思议的精准度量出不熟悉的事物(后来发现原来这个陌生人只不过是记住了一系列已知长度——从他的手肘到每个手指的距离,从膝盖到下巴的距离,脚的长度,等等)。布雷迪最后的建议"永远不要在对方提出邀请时跟他打赌"在今天的信誉经济中也同样适用。

对于个人信誉的应用有两个方面。第一,不要让其他人选择如何与你较量。如果你和另一个部门的经理竞争一次升职机会,要警惕,如果你的竞争对手想要聚焦在各部门的收入增长上:他可能有自己理由,所以才谨慎选择了那个衡量指标。不要让他控制整场较量的基础。

第二,如果你能够控制话题,你就能确保它朝着对你有利的方向进行。就如酒吧里的陌生人想要玩桌球(或打赌说出物体的尺寸),因为那些是他的优势,你也可以按自己的优势玩游戏并从中获利。现代汽车将话题从可靠性转移到了保修内容。雅虎将话题从技术创新的稳定性转移到他们的新任名人首席执行官和他们的 10 亿美元级收购。现代汽车和雅虎都没有试图去竞争"质量"或"流行"——在这两样上他们都失去了话语权——而是按他们知道会赢的方式去玩这场游戏。

你总可以以一些东西胜过他人。如果你是一家企业，而且已经存在了若干年，那么基本上你至少能在一个领域胜出。以好市多和沃尔玛为例。毫无疑问沃尔玛有一个无法撼动的信誉，它是日常购买的"低价"领导者——全世界的商业课程都在学习它的供应链效率。但是好市多拒绝参与到对方设的局中，它成功地利用了自己的优势对抗这个低价战略的竞争对手。当与沃尔玛正面交锋时，好市多快速做出强调：它的员工薪水更高（平均每小时17 美元，对比沃尔玛的 10 美元），并且福利更好。高薪的员工并不会给顾客带来直接利益，但是这没关系。好市多想要做的正是我们在这一章讨论过的：将话题从价格策略转移到价值——提高最低生活工资，建设更强大的社区。

在你决定想要炫耀公司的哪个卓越领域时，价格和工资不是唯一的选择。企业可以让话题围绕着"廉价食物对比健康食物""广泛选区对比当地专供"，以及无数其他的话题。你的企业在所有这些方面的商业记录都能够被评分和衡量，但是记住，最终，人类将不得不决定哪个方面最重要（低价还是工资，廉价还是健康，选区性还是社区性），那些将话题框定，让人类的最终决策处在对自己有利的范围的企业，才是聪明的企业。

作为个人，你同样可以这么做，只要将注意力放在你那些无人匹敌的声誉上。有没有曾经连续四次被评为月度最佳员工？有没有一个从 18 岁开始到现在的完美的信用评分？这些也许就是无人能够辩驳或与之抗衡的成就。推销它们，尽可能大声地推销它们。

因为你将处在一个"人人都会讨论你，无论关于什么"的世界，所以你能做的就是务必让自己掌控对话，预先设计好话题，并亮出自己最好的一面。

做一个创新者

如果说关于信誉经济有一件确定的事，那就是随之而来的机会让创新者们以及像你一样的早期接受者们获得益处——得到一个世界级信誉。其他人则被困在耻辱榜上，或更糟的，在印刷精美的电话簿中埋藏几十年。而个人消费者尝到的信誉经济的果实跟企业家和企业尝到的一样甜。试想一下，你前往一个陌生的城市，飞机着陆后的几小时内你就租到了一个宽敞的房间，它在一个陌生人的公寓中，交通十分便利；你从另一个陌生人那儿租来一辆车，租价只是市场价格的一部分；你甚至还在一家隐秘（旅游手册上都没有列出过的）

而热门的当地餐厅，与又一个还不太熟悉的人共进晚餐——要知道 10 年前，这都是不可能的。但是多亏了 Airbnb、Wheelz（一个点对点的汽车租赁网站）、GrubWithUs（餐饮社交平台）这样的服务，所有这些都变成可能。每种服务都基于信誉来运作，每种服务都使新的交易成为可能——给企业家和消费者都带来了好处——这在信誉经济以前都是不可能的。

比如，沙发客网（Couchsurfing.org）将旅行者与愿意免费接待访客的人匹配到一起。在沙发客的模式中，陌生的人彼此会面，一晚住宿交换一个好故事、一堂高低音唱法课、一瓶红酒或客人能够提供的其他任何东西。以免你觉得这听起来像某种嬉皮士反文化娱乐活动，让我向你保证，该网站声称有 600 多万用户（虽然可能包含了一些不活跃或已弃用的账号）。重点在于，该服务完全依靠信誉运转——没有信誉作为过滤器的话，把自己的家敞开给陌生人（或拜访其他陌生人）的危险性实在太大，不管该交换是由一堂歌唱课作为回报还是由美元支付。沙发客处理了作为网络的诚信问题：网站创始人指定了他们的一些朋友作为值得信任的对象，这些人相应地能够指定其他值得信任的人，而那些人相应地指定更多值得信任的人。结果形成一个庞大的社区，在这个社区里人们觉得可以为陌生人敞开自己的家门，因为某种程度上说，每个人都认识其他人——至少认识其他一到两个人。这个例子只是许多例子中的一个；数百甚至数千家这样的以信誉为基础的企业和服务正在探索中。你会是下一个创新革命者吗？

当然，如果没有投入劳动，这些都不会实现——信誉本身不会替代过时的要人诡计。汗水和努力才是信誉经济中更受认可的。以音乐艺术家格雷戈·迈克尔·吉利斯（Gregg Michael Gillis）为例：在美国最好的工程学校之一凯斯西储大学学习生物医学工程时，吉利斯开始了音乐事业。几次组团失败之后，他以艺名"Girl Talk"开始个人事业，并很快赢得了一个信誉——"混搭"音乐风格先驱者之一。"混搭"指将其他几十种或几百种音乐原文混到一起制成一张唱片，唱片将各种截然不同的原文按层次放到一起，好比是詹姆斯·泰勒（James Taylor）在卢达克里斯（Ludacris）的节拍下演唱。吉利斯没有在出了几张专辑后就停止努力；他辞去了工程师工作，开始不间断地巡回演出，每年都在几百天的巡回演出中无比投入地创建自己的舞台秀（各种气球、礼宾花、卫生纸，而且吉利斯在舞台中心如此卖力地跳舞，汗水总是沿着他的标志性头带流下来）。据维基百科所说，在数百个发行了混搭专辑的人中，Girl Talk是仅有的两位称得上在这个类型"有影响力"的艺术家之一，而且据《Vibe》杂志所说，是有史以来唯一一位"有两张专辑列入最佳混搭专辑前十位（第一位和第四位，这不是没有可能）"的艺术家。吉利斯毫无疑问具有极丰富的想象力和极高的音乐天赋，但他从人群中脱颖而出是因为，他还付出了非同寻常的努力，在工作室，在巡回演出中，建立自己的品牌，传播自己的新型音乐。

这本书中有众多例子，吉利斯只是其中的一个——他们都将把注意力放在信誉经济带来的新的赢利机会上。但是，这些技巧并不只局限于营利商业中。不是每个人都有兴趣创业或赚钱的——信誉经济把同样多的机会给了那些以交换为乐趣、想要不花分文就享受独特体验的人。

重点不在于这些独特的服务是最有趣的还是最有利可图的（虽然很多服务两者兼有），而在于信誉经济开创了一种新的合作模式。的确，今天有许多服务都依赖于有关信任度和安全性的一些衡量。以酒店为例：一个品牌名字［不论是 Quality Inn（巴港精品酒店），Motel 6（6 号汽车旅馆），还是四季酒店］以最简单的形式告诉访客"我们拥有数百间客房，均符合一定的质量和安全标准"。标准因品牌而各异，但你知道你能够去往几乎任何城市，找到最近的假日酒店，在那里得到跟其他任何地方的假日酒店相同质量的服务（不论好坏）。而像 Airbnb 这样的服务，它有效地为房东和租客双方都提供了相同的安全保障，没有大企业或品牌名字夹在中间：事实上，在 Airbnb 这样的网站上搜寻一个客房，你能够得到的信息甚至比假日酒店网站上得到的多，从照片到评论到出租人的背景故事。而且随着系统的发展，还能看到评论的数量和深度，从而给双方带来更好的信息和更有效的配对。

不过再次强调，这里所涉及的远不只是找到一个最佳度假居所或创建一个个人对个人网站。你在一个狭窄的领域享有（或值得享有）一个好信誉吗？在今天的信誉经济中，任何人都可以成为开创者：几乎可以围绕任何当前由中介提供的服务，去建立一个公司或开创一项事业。甚至比如在法律这样的行业。在信誉经济之前的时代，如果一位律师还没有出名的话，一个潜在客户几乎不可能知道他或她的信誉。为了填补这一缺口，法律公司不仅需要作为中间人介入，担保一定的最低质量，还需要找到创新性办法提升公司的信誉。但是在一个"任何想要雇用一个诉讼律师的潜在客户都能够快速得到该律师在每件事上（从案件胜诉率到收费标准到法庭风度）的信誉"的世界里，律师们再也不用非得依靠他们所在公司的名气来谋生；他们需要担心的只有自己的个人信誉。

从这个程度上来说，信誉经济让任何人都可以更轻松地在门外挂个招牌，然后开始自己的生意——无论是作为一名诉讼律师、一位油画老师、一个P2P公寓共享服务的首席执行官，还是任何其他生意。事实上，在信誉经济里，基本上任何第三方中间人都有可能被踢出局外。所以，为了把握住这些机会，要弄清楚自己的哪项潜力正被传统的"看门人"和"聚合器"拦在门外。然后直接攻入你的市场，取代中间人。

这一流程将根据你的领域或职业而不同，但是我们能够担保，有一些还没有人想到过的领域，它们容易通过信誉"去聚合化"和"去中介化"。要找出对你来说最好的领域，并通过积极地建立自己的信誉使之繁荣发展，然后利用它换来新的商机。以下会介绍一些通用技巧。

积极应对他人

任何人都可以轻松地开创一个汽车共享服务或法律服务，当然，你可以更轻松地开创你自己的事业，只要时机来临。当然，这也伴随着缺点；它意味着随着信誉经济的发展，越来越多的竞争者会冒出来，因为其他人也跟你一样，开始意识到新的机会的到来。所以，你如何让自己与那些无用的东西分离，确保当人们搜索"法语家教"或"最好的平面设计指导老师"时，你的名字会跳出来呢？最简单的方法就是鼓励那些感到满意的人去点评你的服务（在Angie's List这样的网站或任何适合你的领域的网站）或职业成就（在领英这样的大众网站或你所在领域的专门点评网站）。例如，西海岸的家具公司Living Space（生活空间）在这方面做得特别好，尤其它并非作为一个大型企业，也没有重金投放在社交媒体上。跟数以千计的其他公司一样，它让顾客依照惯例在家具购买和配送后完成反馈调查问卷；然后它利用反馈意见改进自己的服务，就像其他许多公司一样。但是Living Space加了独特的一招：如果顾客在Living Space的调查中给了好评，那么调查软件将自动给顾客一张额外的优惠券，供以后的购买使用，它还会询问顾客是否想要在点评网站Yelp上面留评论。我们自己的看法是，以优惠券等价值利益来交换点评可能不是最好的举措，但是许多经济领域的众多企业几十年来都是这么做的，不论是交换点评意见还是其他形式的反馈，比如完成问卷。

这一战略的优点体现在很多方面。首先，它鼓励那些感觉愉快的顾客留言，处理了许多企业都在面临的问题——往往只有不满的顾客才会花精力去发表点评从而导致那些总体上让顾客满意的服务受到了歪曲点评。其次，优惠券鼓励反复消费——这是书中最老式的营销手段。最后，也许也是最聪明的一点，在让顾客点评之前先给他们优惠券，公司以此表达善意，并进入一种互惠互利的状态。无数的科学研究都证明，人们接受礼物后会觉得有必要给予回报——不要相信科学的话，比如印度教克利须那派在请求路人捐款之前先给他们献花，或者那些请求金钱资助的组织给许多人发5分硬币，希望通过发一枚5分币换来美元级别的投资（看起来浪费在我们身上了，但战略的持续性说明它能起作用）。在Living Spaces的案例中，收到优惠券的顾客会觉得有必要给予回报，而且往往会对公司产生更好的印象，也更有可能发表点评。（重要的是，在写这本书的此刻，这一过程丝毫没有违反Yelp的承诺条款；没有人直接受惠点评。）

做到独一无二

但是，归根结底，如果你能提供一些独一无二的仅属于你的东西，你才会是最超群的，且是最有利的。不论你是企业主、经理、专职人员、自由职业者，或只是某个想要在个人生活方面有所进展的人，都是如此。做你自己总比迎合他人限定的模式更有助于你成功。毕竟，信誉经济最大的益处之一是世界能够判断你是什么样的人，而不是你多么适合他人预先设定的条条框框。举个例子，假设你是世界上溜溜球玩得最好的小丑。在信誉经济以前的时代，你的市场是本地市场，不可能找到其他同时对溜溜球和小丑都感兴趣的人。不可否认这是一个小众群体，而且很有可能你将被迫选择其一，要么溜溜球，要么小丑。但是在信誉经济中，你可以找到同样对两者都感兴趣的人，无论他们身处何方。换句话说，信誉经济可能让玩溜溜球的小丑的竞争更加激烈，但同时也拓宽了你的市场。它让你能够建立一个信誉，甚至可能一项事业，并非从一列更局限的选择中挑出某个技能，而是围绕着你独一无二的技能。

你可能不是一个玩溜溜球的小丑，但同样的原则适用于几乎所有独一无二的技能、才能、兴趣和特征的组合。在某处，某人正在寻找的正是你所具备的技能。不要试图改变自己去迎合你认为他人可能想要的样子，而是要拥抱自己，宣传那些只有你才能够提供的独一无二的东西。

赢得信誉

我们活在一个新的信誉世界里。在这个世界里，信誉瞬间铸成，也瞬间失去；在这个世界里，你所做的每一件事都将被追踪、计算、衡量、分析；在这个世界里，任何人都能够通过一个点击就找出几乎关于他人的一切。你能够做许多事情去影响一场对话，去设计公众观点，而归根结底，最佳的信誉管理战略就是通过带给雇主和顾客更多价值、善待他人、对社会和环境负责，去赢得信誉。如果你拥抱了信誉经济，务必为自己独一无二的技能和天赋做宣传，为那些我们一直在谈论的信誉引擎产生足够的素材，而对于你享有的信誉，要认真地打理它。

我们要感谢塔利亚·克龙（Talia Krohn），我们的编辑，慧心巧思，孜孜不倦。我们要感谢所有出色的创业团队，正在让信誉经济变为现实。我们还要感谢我们的同事和朋友，是他们的大力支持，让这本书得以付梓。